Toda a saudade do mundo

COLEÇÃO JORGE AMADO

Conselho editorial

Alberto da Costa e Silva

Lilia Moritz Schwarcz

Coordenação editorial

Thyago Nogueira

O país do Carnaval, 1931
Cacau, 1933
Suor, 1934
Jubiabá, 1935
Mar morto, 1936
Capitães da Areia, 1937
ABC de Castro Alves, 1941
O Cavaleiro da Esperança, 1942
Terras do sem-fim, 1943
São Jorge dos Ilhéus, 1944
Bahia de Todos-os-Santos, 1945
Seara vermelha, 1946
O amor do soldado, 1947
Os subterrâneos da liberdade
        Os ásperos tempos, 1954
        Agonia da noite, 1954
        A luz no túnel, 1954
Gabriela, cravo e canela, 1958
De como o mulato Porciúncula descarregou seu defunto, 1959
Os velhos marinheiros ou O capitão-de-longo-curso, 1961
A morte e a morte de Quincas Berro Dágua, 1961
O compadre de Ogum, 1964
Os pastores da noite, 1964
As mortes e o triunfo de Rosalinda, 1965
Dona Flor e seus dois maridos, 1966
Tenda dos Milagres, 1969
Tereza Batista cansada de guerra, 1972
O gato malhado e a andorinha Sinhá, 1976
Tieta do Agreste, 1977
Farda, fardão, camisola de dormir, 1979
O milagre dos pássaros, 1979
O menino grapiúna, 1981
A bola e o goleiro, 1984
Tocaia Grande, 1984
O sumiço da santa, 1988
Navegação de cabotagem, 1992
A descoberta da América pelos turcos, 1992
Hora da Guerra, 2008
Toda a saudade do mundo, 2012

Toda a saudade do mundo
A correspondência de
Jorge Amado e Zélia Gattai.
Do exílio europeu
à construção da
Casa do Rio Vermelho
(1948-67)

Organização e notas de
João Jorge Amado

COMPANHIA DAS LETRAS

© 2012 by João Jorge Amado
© 2012 by Grapiúna — Grapiúna Produções Artísticas Ltda.
© 2012 by Gattai Produções Artísticas Ltda.

*Grafia atualizada segundo o Acordo Ortográfico da Língua Portuguesa de 1990,
que entrou em vigor no Brasil em 2009.*

Projeto gráfico Kiko Farkas e Mateus Valadares/ Máquina Estúdio

Imagem de capa Acervo da Fundação Casa de Jorge Amado

Preparação Leny Cordeiro

Revisão Luciana Baraldi e Mariana Zanini

Dados Internacionais de Catalogação na Publicação (CIP)
(Câmara Brasileira do Livro, SP, Brasil)

Amado, Jorge, 1912-2001.
    Toda a saudade do mundo : a correspondência de Jorge Amado
e Zélia Gattai : do exílio europeu à construção da Casa do Rio
Vermelho (1948-67) / organização e notas de João Jorge Amado. —
1ª ed. — São Paulo : Companhia das Letras, 2012.

    ISBN 978-85-359-2157-1

    1. Amado, Jorge, 1912-2001 - Correspondência 2. Cartas brasileiras
3. Gattai, Zélia, 1916-2008 - Correspondência I. Amado, João Jorge.
II . Título.

12-09801   CDD-869.96

Índice para catálogo sistemático:
1. Cartas : Literatura brasileira   869.96

Diagramação Spress
Papel Pólen Soft
Impressão e acabamento RR Donnelley

[2012]
Todos os direitos desta edição reservados à
EDITORA SCHWARCZ S.A.
Rua Bandeira Paulista, 702, cj. 32
04532-002 — São Paulo — SP
Telefone (11) 3707-3500
Fax (11) 3707-3501
www.companhiadasletras.com.br
www.blogdacompanhia.com.br

Para Marie-Louise Nadreau, a Misette, que acompanhou Zélia e Jorge pelos caminhos do mundo e aportou no Brasil, onde continuou a celebrar, com meus pais, Paloma e eu, os ritos da amizade.

POUCO TEMPO DEPOIS DA MORTE de minha mãe, Paloma estava de mudança para o Rio de Janeiro, desmontando apartamento, escolhendo o que iria levar e dando destino ao que não ia. Uma tarde me procurou com cinco pastas debaixo do braço. "Tenho uma prebenda para você", disse-me. "Aqui estão as cartas que mamãe guardou. Elas precisam ser organizadas e acho que dariam um belo livro, mas não tenho condição de enfrentar esse trabalho. Ler essas cartas de papai é demais para mim." Recebi as pastas de Paloma e, de uma forma totalmente irresponsável, me comprometi a encarar o desafio.

As pastas de cartas merecem uma explicação. Dona Zélia não jogava nada fora. Aprendera com minha avó Angelina que "Quem tem, procura e acha; quem não tem, procura e não acha". Dona Angelina era uma guardadora de coisas. Com ela podíamos encontrar qualquer tipo de botão, pedaços de linha das mais diversas cores, retalhos de tecido, barbantes e elásticos. Minha mãe aprendeu bem a lição e, entre as muitas coisas que guardou, está um acervo de cerca de 20 mil fotografias, atualmente na Fundação Casa de Jorge Amado, e o conteúdo dessas cinco pastas que Paloma me entregou. Além de cartas, escritas em sua maioria por meu pai, há muitos cartões-postais, pequenos cartões, dedicatórias e alguns outros escritos.

Jorge Amado era um homem extremamente epistolar. Utilizava muito o correio. Mais de uma vez o vi mandar o motorista Aurélio ao correio, postar uma carta para Mirabeau Sampaio, quando seria bem mais simples mandar Aurélio entregar a carta diretamente em casa de Mirabeau, poucas centenas de metros depois da agência dos correios.

Quando viajava, levava um caderno com uma relação das pessoas a quem tinha que escrever e quantas cartas ou cartões deveria mandar para cada uma. A cada cartão, ia ticando junto ao nome. Além de escrever, fazia todos os que estavam junto a ele escreverem também. Muitas vezes me chamou para escrever "uma palavrinha" em seu cartão-postal para Celestino, Eva Adler ou Floriano Teixeira. Qualquer amigo que estivesse com ele era convidado a escrever uma linha, ao menos. Além das cartas e cartões de viagem, respondia religiosamente às cartas de leitores que lhe chegavam, e eram muitas. Considerava uma falta de respeito deixar uma carta sem resposta.

Tinha também suas agências de correios preferidas. Quando comprou uma mansarda em Paris, onde passava cerca de seis meses por ano, havia uma caixa de correio em frente à entrada do prédio. Quem estivesse no momento no apartamento era encarregado de levar a correspondência para o correio. Quando a pessoa ia sair, pedia que aguardasse um pouco, pois estava terminando de fazer a correspondência e, pouco depois, entregava uma pilha de cartas e cartões, todos já selados — tinha sempre algumas folhas de selos na gaveta —, para postar. Não admitia que se usasse a caixa em frente ao prédio. Não tinha nenhuma confiança nela, embora a correspondência, nessas caixas, fosse recolhida duas vezes por dia. Suas cartas deviam ser postadas na agência da rue Castex, bastante perto do apartamento, e não na agência da rue des Deux Îles, que ficava a distância semelhante, mesmo que o caminho do encarregado de levar as cartas passasse por esta agência e que este tivesse que se desviar para chegar à rue Castex.

Quando ia comprar cartões-postais para mandar, escolhia um ou dois que mais lhe agradavam e comprava oito ou dez de cada. Explicava que não importava que os cartões fossem iguais se iam para pessoas diferentes. Aprendi isso com ele e até hoje faço o mesmo.

Além de cartas de meu pai, havia na pasta umas tantas de minha avó Angelina, de tia Wanda, de meu avô João Amado, de minha irmã

Lila e até mesmo bilhetes de meu irmão Luiz Carlos, que estava sendo alfabetizado. Eram cartas que traziam notícias do Brasil para o casal exilado na Europa.

Para decidir o que fazer com as cartas, era necessário lê-las, saber o que continham e que interesse poderiam ter. Para evitar a manipulação desses papéis frágeis, alguns com mais de sessenta anos, preferi, antes de qualquer coisa, digitalizá-los e, ao mesmo tempo, aproveitei para ordená-los cronologicamente.

O que à primeira vista parecia um trabalho fácil, puramente mecânico, tornou-se complicado quando surgiram muitas cartas e cartões sem data. Alguns, acompanhados de seus envelopes, até permitiam ver o carimbo com a data da postagem. Outros, sem envelope ou com os selos arrancados, exigiram leitura para atribuir, ao menos, a época em que foram escritos e a sua posição na ordem das cartas.

Essa primeira leitura se mostrou muito difícil para mim. Difícil emocionalmente. Muitas vezes tive que interromper a leitura para chorar um pouco. Cheguei mesmo a pensar em desistir da tarefa. A partir da leitura, contudo, pude verificar que as cartas de meu pai mostram um quadro das atividades políticas que desenvolvia na Europa, muito pouco conhecidas (ou conhecidas apenas de uns poucos). Mostra também o esforço de um homem visivelmente apaixonado pela mulher que escolheu como companheira, e que foi por ela escolhido, para tranquilizá-la e aplacar seus ciúmes (motivados ou não, como saber?). Essas cartas vêm preencher uma lacuna na biografia do casal de escritores. Diante disso, resolvi continuar a tarefa, apesar de penosa.

Na verdade, nem sempre foi penosa, muitas vezes foi divertida, diante da capacidade de meu pai de ver uma pessoa totalmente desconhecida e, imediatamente, transformá-la em personagem e imaginar uma história: "a eles aderiu a Edna, uma polonesa que vivia com um português tocador de harmônica, chamado Antônio, há anos no Rio, e que agora parece ser prostituta em Paris"; ou "Uma velha francesa, cheia de joias, talvez uma caftina que envelheceu no comércio de mulheres em Buenos Aires" são trechos de uma das cartas em que cria personagens e situações descrevendo os passageiros com ele embarcados para Le Havre. A história do guarda-chuva que já havia sido capa de borracha e estava a ponto de tornar-se boina também é bastante divertida.

Tendo resolvido fazer o trabalho, a questão seguinte era: o que fazer exatamente? Apenas transcrever as cartas? Fazer um comentário a cada uma delas? O que um comentário meu poderia somar às cartas? A simples transcrição parecia, à primeira vista, uma solução mais adequada, mais de acordo com a minha preguiça. Acabei por optar por uma solução intermediária.

Tentei, dentro do possível, identificar as pessoas citadas nas cartas, esclarecer também alguns fatos de meu conhecimento que ficam pouco claros quando são referidos nelas.

Outra questão era decidir entre manter ou não a ortografia da época. Mantê-la seria apenas um preciosismo a dificultar a leitura. Muitos "erros" encontrados podem ser atribuídos a teclados de máquinas estrangeiras sem a totalidade dos acentos da língua portuguesa. Nas primeiras cartas, todas as crases aparecem como acentos agudos, mas, quando por força das circunstâncias é obrigado a escrever à mão, a crase aparece. A falta do acento grave no teclado da máquina que utilizava explica essa substituição. Finalmente, optei por corrigir esses pequenos erros e utilizar a ortografia atual.

Havia ainda que decidir entre manter a forma variada utilizada pelos autores das cartas ou padronizá-las pelas normas dos manuais de escrita. Resolvi, então, que, quando não se tratasse de erro, a forma utilizada deveria ser respeitada. Não me pareceu necessário substituir as formas abreviadas de "3ª feira", de "1ª classe" ou "30º" utilizadas nas cartas, por *terça-feira, primeira classe* ou *trigésimo*. A mesma decisão foi tomada em relação a títulos de livros, peças e músicas. A forma utilizada por Jorge Amado de escrever *Seara Vermelha* ou *A Morte e a Morte de Quincas Berro Dágua* foi mantida, em que pese os manuais de escrita atuais preferirem que, quando não se trate de nome próprio, apenas a primeira palavra seja grafada com maiúscula. Outras abreviaturas também foram mantidas.

O primeiro grupo de cartas foi escrito entre 31 de janeiro e 7 de abril de 1948, intervalo entre a partida de meu pai para o exílio europeu e a viagem de Zélia para encontrá-lo.

Em *Senhora Dona do Baile*, minha mãe se refere a esse período e às cartas que recebia:

> *Enquanto aguardava a hora de deixar o Brasil, as cartas de Jorge me ajudaram a suportar a solidão e as saudades. Às vezes elas tardavam, e eu, feito louca, ia à rua ao encontro do carteiro; às vezes chegavam duas e três ao mesmo tempo.*
>
> *A princípio Jorge falava em Guerra Fria, na preocupação causada pela ameaça da bomba atômica. Depois, percebendo evidentemente minha inquietação, passou a escrever menos sobre problemas políticos. Procurava distrair-me, contando sua vida em Paris, seu dia a dia, as coisas mais corriqueiras; enchia longas páginas que me enleavam e me transportavam para seu lado. Falava sobre o modesto Grand Hotel Saint-Michel, no Quartier Latin, onde morava.*

A primeira dessas cartas, escrita a bordo do *Formose* quando meu pai partiu do Rio de Janeiro para Le Havre, foi iniciada em 31 de janeiro de 1948 e retomada várias vezes até ser postada em Dakar, única escala do navio antes de alcançar o destino.

Começa como uma carta de amor e saudades. Continua com uma descrição da viagem, do navio e dos passageiros. Depois dessa pequena crônica, continua dando instruções para a viagem dela a seu encontro. A carta é interrompida e retomada em 2 de fevereiro, quando descreve mais um pouco da vida a bordo. No dia 6 de fevereiro volta a escrever; dia 8, véspera da chegada a Dakar, escreve mais um pouco, e dia 9, já em Dakar, meu pai completa a carta à mão. Provavelmente escreveu esta última parte em terra, a máquina de escrever ficara a bordo.

Zélia Gattai, no seu livro *Um chapéu para viagem*, faz referência a essa carta. Confunde-se ao chamar o paquete *Formose* de *Provence*, cita alguns elementos de cartas posteriores, detalhes sem maior importância. Para escrever seu livro, ela confiou somente na memória e, muitas vezes, esta falha.

A primeira carta chegou mais rápido do que eu esperava. Fora posta no correio em Dakar, onde o Provence fizera escala. Jorge se referia aos bilhetinhos de amor que eu espalhara entre suas roupas ao arrumar as malas. Falava em saudades, recomendava-me que entregasse a carta que deixara para o Coronel e Lalu.

Nessa carta, ele lhes pedia que me dessem toda a assistência. Como não utilizara a passagem que o velho pusera às suas ordens, caso necessário, pedia que essa passagem fosse dada a mim, que viajaria logo que pudesse.

Recomendava-me também que fosse à casa de aves, onde, certamente, o proprietário, que tanto dinheiro ganhara ao vendê--las, as compraria. Seu tempo fora curto demais para tratar de tantos assuntos. Mandava mil carinhos ao Inseto. Eu o levaria comigo, na viagem. Bastava o que já sofria com a separação do outro filho.

Animada com a carta, tratei de me movimentar.

Toda a saudade do mundo

**Bordo do *Formose*.
31 de janeiro.**

ZÉ QUERIDA: COMEÇO A TE ESCREVER esta carta no segundo dia de viagem. Quero te dizer, primeiro, das saudades que sinto de ti e de João Neto, o risonho. Não podes imaginar a angústia que me assaltou quando o navio se afastava do cais e eu vi a imagem de vocês desaparecer lentamente. Mas eu a trago no coração e não a esqueço um único momento. E em breve vocês estarão comigo e juntos rolaremos pela Europa e muito nos divertiremos, assim o espero.

Viagem, até agora, magnífica, Zé. Pena não estares aqui. Mar tão calmo que o navio parece parado. Esse ar maravilhoso do mar, a calma, o vento. Pouquíssimos passageiros (somos 15 na 1ª classe, sendo eu o único brasileiro), o que evita chateações, obrigação de conversar etc. Bom camarote. Cama excelente. Como e durmo como um animal. Ótima comida, pão de trigo puro, vinho francês. Pelos meus cálculos modestos engordarei 5 quilos pelo menos até o Havre, onde devemos chegar entre 19 e 20 de fevereiro. Na noite de ontem já adiantamos uma hora nos nossos relógios, e, às 3 horas da tarde, vimos a costa brasileira pela última vez durante a viagem. Eram, ao longe, quase perdidas na distância, montanhas do Espírito Santo. Deu-me uma saudade brutal. É terrível e inexplicável a atração que o Brasil exerce. A gente sofre o diabo aí: incompreensões, perseguições, chatices de todo o jeito. Almeja sair. Mas, mal sai, a saudade aperta. Por falar em saudade, passei-te um *cable*, recebestes? — Falarei dos passageiros. São 15 na 1ª classe, como te disse. Mas podes juntar a esses 15 uns 20 estudantes chilenos, de arquitetura, da Universidade Católica de Santiago, que, se bem viajem de 3ª, têm permissão do capitão para frequentar o bar e o deque da 1ª. São aqueles estranhos jovens que chegavam correndo ao navio no último momento, recordas? Por sinal que um deles perdeu um guarda-chuva, não sabe se no Rio ou se a bordo. Em todas as partes: bar, salão de estar, de jantar, sala do comissariado etc., está fixado um aviso dizendo que foi perdido um *"parapluie"*. O jovem ontem contou-me sua odisseia: num táxi em Buenos Aires em que iam para bordo, cheio de estudantes e bagagens, perdeu sua capa de borracha com a qual pretendia enfrentar o inverno europeu. Em vista do que resolveu comprar um guarda-chuva no Rio. E o perdeu também. O que me faz concluir que, em Dakar, ele comprará uma boina com a qual atravessará o frio se não a perder também. A verdade é que até agora ainda não compreendi a utilidade do guarda-chuva. Valeu para mim: aprendi como se diz guarda-chuva em francês (meu francês cresce com a mesma rapidez de João P. G.[1] Incorporo a cada instante palavras ao meu pequeno vocabulário. Já digo frases e creio que não vai ser muito difícil fazer-me entender). Os estudantes viajam acompanhados por um padre. Admiram Niemeyer[2] mas não lhe perdoam a filiação política. São um pouco idiotas com suas medalhas penduradas ao pescoço e as cruzes na lapela. Em geral filhos de ricos proprietários do sul do Chile. Mas agora, como a eles aderiu a Edna (uma polonesa que vivia com um português tocador de harmônica, chamado Antônio, há anos no Rio, e que agora parece ser prostituta em Paris) e com eles joga e anda o dia todo, imagino que a perversão grassará entre os jovens católicos e o padre que os acompanha terá que requisitar os outros quatro que também viajam para os trabalhos de confissão. São 5 padres, sim. O que acompanha os estudantes e mais 2 na terceira. E 2 na primeira. Até agora silenciosos. Os demais passageiros de 1ª são: um casal francês que veio ao Rio visitar o filho que aí reside, típicos pequeno-burgueses gaullistas. Um engenheiro francês que viveu no Rio sete anos e agora volta à Europa. Meu leitor, simpático. Dois casais argentinos jovens, dois casais velhos. Uma velha francesa, cheia de joias (talvez uma caftina que envelheceu no comércio de mulheres em Buenos Aires). Um argentino moreno que passa o dia agarrado a uma gramática francesa decorando verbos. Nunca vi tanta constância. Não larga a gramática. Ainda agora está numa mesa à minha frente e murmura verbos. Há mais um casal com uma criança. Ele é meio velhote, ela é u'a matrona gorda. Têm um filho, de uns anos, amarrado por uma corrente que a mãe conduz como quem conduz um cachorrinho. Espetáculo um pouco triste. E a Edna, tão prostituta que faria o Mangue corar. Porém ainda mais chata que mesmo puta. Imagina: amiga íntima e fraterna de Carlos de Lacerda.[3] De Arnaldo Pedroso d'Horta,[4] de Rubem Braga[5] e Zora.[6] E não gosta de toda a gente que eu gosto. Disse horrores de Maria[7] e Fernando[8] e dos Matos Siqueira. Que Maria é feia e burra. Que Fernando é ridículo e imbecil. Que Janine é idiota, e assim por diante. Defendi os Barros e os Siqueira, mas quando ela começou a fazer o elogio do Carlos de Lacerda dei a conversa por terminada. E como, em realidade, sou o único varão aproveitável da 1ª classe, e dissentimos tão violentamente na primeira conversa, ela se voltou de corpo e alma (principalmente de corpo) para os estudantes. Pelo que me disse o engenheiro francês ela está ganhando ao jogo de pife--pafe todo o dinheiro dos jovens católicos. Não faz mal que esses jovens são algo idiotas e ouvem missa todos os dias, às sete da manhã. Quanto a mim acordo às oito. Tomo banho (bom banheiro, só que a água é salgada, apenas para lavar o rosto é água doce), e como desesperadamente vários pães deliciosos com café e leite. Subo, de short, para a ponte de comando onde aluguei uma *chaise-longue* por 300 francos. Tiro o paletó e tomo banho de sol, lendo ou conversando com o engenheiro. Às onze desço e leio no bar, tomando uma cerveja. Almoço. Ótima comida. Vou ao camarote e durmo até as 3. Ando depois um pouco até as 4, hora do lanche. Bom lanche: café, leite, chá, biscoitos, pão, geleia, boa manteiga, sorvete. Depois leio e converso até às sete. Às 7, jantar. Visto a roupa tropical (antes estava de *slack*), como muito, subo para o bar e jogo *crapaud* com o engenheiro.

11 horas, cama. Para engordar e descansar não há melhor regime. Amanhã vou suspender a sesta da tarde e começar a trabalhar na história para a Atlântida, que espero te enviar de Dakar para que a entregues a Alinor[9] e recebas 7500 cruzas. São muitos os "amigos" na tripulação. No jantar do primeiro dia, logo após a saída, fiquei conhecendo dois: o garçom que serve minha mesa e seu ajudante. Tratam-me ambos de *excelência*. Estranhei e perguntei-lhes por quê. Disseram-me saber quem eu era e que deputado continuava a ser para eles. Depois conheci outros. Boa gente. Já me filaram uma das fotos do velho que trouxe.

Se vieres de navio francês é necessário que compres uns 12 mil francos para as despesas de bordo e de desembarque: bar, gorjetas, cabeleireiro, escalas etc. Eu trouxe muito pouco e terei que trocar dólar em Dakar. Se vieres de navio deves pedir no consulado (da França ou da Itália, conforme para onde venhas) uma licença para conduzir, sem pagar direitos alfandegários, mantimentos. O engenheiro leva, só de café, 300 quilos. Custaram-lhe no Rio 2 mil cruzeiros e, diz ele, fará em Paris 20 mil com esse café. Todos os passageiros, exceto eu, levam essa licença e muito mantimento para negociar em Paris. Estou meio impressionado com esse negócio de mantimentos. Não levo nada, apenas um pouco de chocolate, que posso comer em 4 dias, no máximo, e toda a gente leva de tudo: quilos e quilos de açúcar, muito chocolate, muito café, leite em pó em quantidade. Parece que na França não há mesmo nada. Bem, amor, vou parar aqui. Antes de Dakar terminarei. Um beijo para ti e outro para Jão.

2 de fevereiro. Amor, hoje é segunda-feira e na outra segunda, dia 9, chegaremos a Dakar. 12 dias do Rio a Dakar. A vida de bordo continua no mesmo, apenas eu agora estou trabalhando no argumento para a Atlântida. Escrevo todos os dias um pouco: 2 horas, 3 horas. Devo te dizer da alegria que me deu ontem teu telegrama? Eu o recebi às 5 e meia da tarde e o reli umas 40 vezes. Depois compus para ti um poeminha de bordo que diz assim: "Os oficiais de short branco e o infinito verde do mar. E a saudade longa e fina

como uma punhalada". Como, durmo, escrevo, tomo banho de sol. Eu queria um pouco de tranquilidade. Aqui posso vendê-la às toneladas. Desconfio que me fartarei bem antes de chegar. Aqui há silêncio e calma, é como se o mundo não existisse mais além do mar. O jornal de bordo dá em média 5 a 6 notícias por dia. Das quais 4 da França. "Morreu Gandhi assassinado", dizia um telegrama há 3 dias. Mais nada. Nenhum detalhe, nada. Tudo que se pode fazer é imaginar em torno. E eu, para não perder o hábito, já imaginei uma revolução na Índia em derredor da breve notícia da morte de Gandhi. — Segundo a canção de Caymmi hoje, 2 de fevereiro, é dia de festa no mar. Mas não aqui no *Formose*. Se eu não tivesse trazido tão poucos sabonetes jogaria hoje um no mar em honra de Janaina. Jogarei uma das flores de pano pintado que botam na mesa, se conseguir roubá-la. Assim cumprirei minha "obrigação" de baiano e de ogã. A Edna faz progressos junto aos estudantes. Aderiu ao mais rico, creio que muito mais rico do que qualquer outro. Segundo ele mesmo me disse é filho de grandes proprietários do Sul. Jovenzinho ingênuo. Já comprou para ela todo o chocolate que havia no barbeiro e toneladas de cigarros americanos. E ela me disse que, com tais coisas, ganhará muito dinheiro na França. Desenvolve-se também um romance entre o engenheiro e a mulher do francês que veio ao Rio visitar o filho. Ela é quarentona mas agora deu para fazer uma franja no cabelo e toma ares de mocinha. Um bucho respeitável e o engenheiro não parece muito interessado. E é só. De quando em vez avistamos um navio. E os tubarões saltam na água.

Boa tarde, amor, coce a barriga de Jão para ele rir e diga-lhe que o pai dele ama-o muito, e muito à mãezinha dele, uma italianinha de São Paulo que é uma belezinha de mulher, linda e boa, tão boa, tão linda, tão querida!

Querida, ontem passamos a linha do equador ao meio-dia, com um atraso de 12 horas, já que deveríamos tê-la cruzado à meia-noite de anteontem. Este navio não anda. Só segunda-feira, parece que às 11 horas, chegaremos a Dakar. Ontem houve festa a bordo. Batismo dos que atravessavam a linha pela 1ª vez. Eu já a havia atravessado, em 37, no Pacífico quando ia do Chile ao México, porém nem assim me livrei do banho de água salgada, com o francês gordo a fazer de Netuno. Depois deram-me um diploma atestando a travessia do equador. E nisso se resume tudo que houve a bordo, onde a vida se arrasta cada vez mais monótona. Vou escrever aqui algumas perguntas que te quero fazer antes que me esqueça: papai e mamãe já chegaram? James[10] e Jacinta[11] quando vão a São Paulo? Mande-me o endereço de Joelson[12] que eu pensei ter e não tenho. Já falaste à mulher do apartamento sobre o problema de passá-lo adiante? E o sítio? Manda-me notícias de tudo isso quando me escreveres. Hoje chove e o navio joga um pouco. O calor dos últimos dois dias esteve terrível. Estou no salão e nele estão cinco padres, todos a escrever. Creio que somos, os seis, as únicas pessoas que escrevem neste navio. Bem, amor, terminarei esta carta em Dakar, onde espero encontrar notícias tuas. Amo-te e a João Netto, o piça d'aço.

8 de fevereiro: querida, amanhã chegaremos finalmente a Dakar. Espero receber carta tua e notícias. Estou ansioso. Ontem assaltou-me uma angústia terrível, uma terrível saudade de vocês dois e da minha gente. A viagem está cada vez mais chata. Nada que fazer, ainda não descansei da fadiga que trazia, não tenho ainda vontade de escrever, tenho saudades de vocês. Não demorarei em Paris. Penso em sair dia 10 de março para a Itália e ali procurar onde preparar nossa casinha. — Nos últimos dois dias o mar tem estado mais picado, cada vez mais. Hoje o navio joga um pouco. É domingo, houve missa às nove horas, toda a gente fala na chegada a Dakar amanhã (será depois do meio-dia) e agora todos escrevem cartas. Aí no Rio é carnaval. Fantasiaste João Netto? — Vou deixar o resto do papel para te escrever amanhã após chegar, respondendo a tua carta. Até amanhã, amor.

Dakar, 9/2/948. Querida: acabamos de chegar. Recebi 2 cartas tuas e estou feliz de tê-las e saudoso de ti. Amanhã sairemos para a França e te escreverei longamente. São 5 e meia da tarde, vou sair correndo para alcançar o correio. Beijos para Jão e para ti o coração do teu Jorge.

A segunda carta, escrita também a bordo, entre Dakar e Paris, não está entre as cartas guardadas por minha mãe. Há uma referência a ela, na carta seguinte, informando que teria ficado em uma pasta esquecida na alfândega em Le Havre. Esta terceira carta, datada de 20 de fevereiro, foi escrita já em Paris.

Paris, 20 de fevereiro de 1948
(entre meia-noite e uma da manhã)

MEU AMOR, MEU DOCE AMOR: que frio mais infernal, 6 graus abaixo de zero. Diz o Scliar[13] que eu trouxe o frio, pois antes o inverno estava brando e suave. Mas agora neva e eu estou enregelado. Cheguei ontem à noite a Paris, amor, e já fiz um bocado de coisas. O navio chegou ao Havre às 5 horas, justo a tempo de pegar o trem, o último trem, para Paris, às seis menos cinco. Foi uma correria sob um frio de rachar. Se o Scliar não houvesse ido me esperar no Havre, com mais um rapaz brasileiro, estudante a quem eu não conhecia, não sei como me arranjaria. Mas consegui embarcar tendo perdido apenas a pasta (aquela pasta grande e velha onde trazia papéis) que já foi encontrada pela companhia de navios e que devo receber hoje. Tinha ficado na alfândega. Espero recebê-la ainda a tempo de te enviar uma longa carta que te escrevi de bordo, aos pedaços cada dia, desde Dakar, e a história cinematográfica para o Alinor. Estão as duas coisas na pasta. A Chargeurs Réunis disse ontem que hoje a pasta estaria em Paris e me mandariam no hotel. Espero que chegue a tempo de alcançar o correio, pois só temos dois correios aéreos para o Brasil por semana. Um fecha quarta às sete da noite e outro sábado à mesma hora, ou seja, hoje. Assim é capaz que recebas a carta de bordo depois desta.

Cheguei ontem aqui às nove horas da noite. Na estação toda a colônia brasileira conhecida a esperar-me. Estou hospedado no mesmo hotel que Scliar, num quarto de 240 francos diários (cerca de 20 cruzeiros), bastante bom, com calefação e água quente, no primeiro andar. Caía neve, o que foi, para mim um espetáculo novo e belo. Nessa noite bati papo com Scliar até as 12 e preparei meu plano de trabalho para o primeiro dia. Acordei cedíssimo, acho que devido ao frio. Da janela espiei a neve cair e a pouca gente que passava quase correndo pela rua, até as oito, quando subi ao terceiro andar e acordei o Scliar. Ele preparou uma espécie de chocolate que tomamos e saímos. Sensação gostosa de andar sob a neve que cai e dolorosa sensação de frio nas orelhas, nos pés e nas mãos. Comprei em seguida luvas grossas e meias de lã. Hoje devo comprar um suéter desses que vão até o pescoço e um gorro que me cubra as orelhas. Se já pareço uma figura de circo com toda a roupa que levo em cima, imagine hoje de gorro! Visto apenas o seguinte: a) ceroulas de lã e camiseta, as que compraste em São Paulo; b) a blusa de lã daquele teu traje grosso azul que me deste; c) camisa; d) o suéter azul do Fernando; e) meias grossas de lã; f) roupa; g) sobretudo. Fico grossíssimo com tudo isso.

Após as compras fomos à Chargeurs Réunis pela pasta, depois ao banho (que tomamos numa casa de banhos, pois é mais barato do que no hotel e melhor). Almoçamos em companhia da Zora que chegou ontem da Tchecoeslováquia. Depois do almoço fui ao partido, onde estive ligeiramente com Thorez[14] ficando marcada para hoje, às duas e meia, uma entrevista com ele pois quando cheguei ele estava de saída. Fui então ver Aragon[15] na redação de *Ce Soir*, o vespertino nosso, que fica no mesmo prédio que *L'Humanité*. Com ele passei a tarde até as sete, dando entrevistas e combinando coisas que fazer. Mandar-te-ei recorte das entrevistas logo que saiam. Hoje, às cinco e meia, vou à reunião do CEN (Conselho Nacional de Escritores), um ato poético do qual serei presidente de honra. Aí haverá, ao que me disse Aragon, um protesto sobre Neruda.[16] Aí me encontrarei, entre outros, com Jean Cassou,[17] o escritor católico. Com ele e com Aragon quero fazer entrevistas sobre os escritores franceses e a resistência. Jantarei com um casal argentino meus amigos (o dr. Sadowski e Cora Rato) e depois iremos a um cineclube assistir dois filmes russos que dizem ser maravilhosos.

Quero que digas ao pessoal o seguinte: há grande interesse pelo Brasil e eu posso fazer muita coisa. Mas preciso urgente, via aérea, urgente, repito, de material. Especialmente de jornais e de recortes (está circulando o jornal do Barão?).[18] Não sabes sequer como já me foram úteis os recortes que me enviaste para aqui e que recebi ontem pela manhã. Úteis porém poucos. É necessário também que mandem artigos do Velho,[19] de Arruda,[20] de Pomar,[21] de Maurício,[22] Amazonas[23] ou outro para *Démocratie Nouvelle*. Há uma verdadeira fome por coisas daí. Foi a primeira coisa que Thorez me pediu ontem. Que o velho ou outro escrevesse para *Démocratie Nouvelle* um artigo sobre a situação brasileira, a pressão imperialista e a resistência do povo. Isso é urgente e importante. E recortes e folhetos, tudo que houver e sair. À noite recebi os brasileiros nossos com os quais conversei. E agora, após terem eles saído, te escrevo.

Amor, estou morto de saudades. Esse começo de viagem seria uma verdadeira delícia se estivesses comigo, tu e também nosso filho. Espero, desesperado, o momento em que chegues. Nunca mais me acostumaria a viver sem ti e não tenho graça longe de ti. Falo em ti o tempo todo e penso, quando vejo uma coisa, como gostarias de vê-la e como seria bom ter-te ao meu lado.

Viajarei para a Itália depois de 15 e antes de 20. Lá resolverei para onde deves vir, se para aqui ou para lá. Uma coisa: ontem mesmo recebi um telefonema da Embaixada da Polônia dizendo que hoje vão me procurar para me fazer um convite oficial para visitar a Polônia. E hoje, se tiver tempo, ou amanhã, vou receber os dólares da tradução do *Terras* para o tcheco. Aragon se ofereceu para colocar aqui traduções dos meus outros livros. Também o Reverbel[24] me disse ontem que a NRF (a editora que publicou *Jubiabá*) ao saber que eu estava para chegar mostrou o maior interesse em conversar comigo para a tradução de outros livros meus.

Amor, que tens feito? E o sítio, já resolveste tudo? E o apartamento? Quando vais para São Paulo? Manda-me notícias de papai e mamãe, de Joelson (casa ou não casa? Diga-lhe que eu mando minha bênção para ele e Fanny),[25] de James e Jacinta (onde estão? quando voltam para a Bahia), de Nina, Antônio e Benicia, de Fernando, de Salomão, Ruy, todos os conhecidos. E tua mãe, está aí contigo? Dá-lhe um abraço meu. Abraça os velhos, diga-lhes que lhes escreverei por estes dias. Recebeste os dois mil cruzas do Campaglia? No próximo correio aéreo mandarei os primeiros artigos para o *Estado de S. Paulo* e ordem para eles pagarem ao Martins, dinheiro que te será entregue. Não deixe de apertar o Martins pelos 30 contos da Câmara dos Livros para que os traga contigo.

Bom, amor, o vizinho está reclamando do barulho da máquina. Tenho saudades loucas de ti e nesse frio penso em que se estivesses aqui, como seria bom o teu calor. Tenho saudades de Jão, mas, amor, a verdade é que nosso filho te vai atrapalhar um bocado. Não sei como te vais arranjar com ele para poder andar e viajar. Enfim se dará um jeito... O importante é ter vocês dois aqui.

Amor, até amanhã. Amo-te loucamente,

Jorge

Na carta seguinte conta que finalmente recuperou a pasta com papéis esquecida no Havre. É curioso notar que, no curto intervalo entre a primeira carta (de 31 de janeiro) e esta (de 25 de fevereiro), há uma sensível evolução no seu domínio da língua francesa. Enquanto na primeira ficava contente por saber como se diz guarda-chuva em francês, agora informa que tomou professora de francês porque já tem agendadas duas conferências e uma entrevista pelo rádio. Quando fala em Fernando (de Barros), já no final da carta, pergunta pelo filme e, em seguida, pede que dona Zélia busque saber os preços de passagens aéreas. Como Fernando iria de avião à Europa, poderia ser uma boa companhia caso se optasse por uma viagem aérea.

**Paris,
25 de fevereiro de 1948.**

AMOR MEU: AQUI ESTOU, saudoso e friorento, para conversar contigo já que não posso te ter ao meu lado para sairmos sob a neve por estas ruas cinzentas de Paris. Mas consolo-me e impaciento-me ao mesmo tempo ao pensar que em breve estarás aqui ao meu lado e andaremos juntos e mataremos as saudades.

Te escrevi logo que cheguei, deves ter recebido. Recebi carta tua ontem e fiquei contente. Cadê recortes que não enviaste? Não deixes de fazê-lo a cada correio. (Há dias marcados para saída de correspondência aérea daí para aqui. Procura saber que assim fica mais fácil escreveres.)

Bem, vou te dar um ligeiro resumo de minha vida aqui. Já te contei até sexta-feira. No sábado fui visitado por portugueses (sucedem-se as visitas de portugueses, diariamente), à tarde estive com Thorez e depois de visitar, em companhia do Scliar, um museu onde estão expostos os tesouros artísticos de Viena, fui com Aragon ao CEN (Comitê Nacional de Escritores), que realizava um ato poético e me recebia. Presidi a sessão, onde estavam os maiores escritores vivos da França: Aragon, Paul Elliot, Jean Cassou, Moussinac,[26] Tzara,[27] enfim o que a França tem de mais representativo em matéria de literatura.

Aragon falou apresentando-me, um discurso que te encheria de orgulho só o ouvisses, depois houve o ato poético (em homenagem a Neruda), e seguiu-se um jantar improvisado. O ato foi irradiado. Conversei com muita gente interessante, combinei edições, dei entrevistas, acertei uma entrevista pelo rádio, uma quantidade de coisas.

Saí daí para ir com o Scliar a uma sessão de cineclube onde assisti a dois bons filmes russos. Depois fui visitar Sadosky[28] e a esposa[29] (amigos meus da Argentina) que iam seguir para a Itália. Demorei até tarde, o que me levou a acordar ao meio-dia no domingo. Passei a tarde na casa do Árpád[30] e da Maria Helena.[31] Era um frio de matar. Caía a neve e tiramos algumas fotografias que te mandarei assim que receba. Paris sob a neve é muito bonito.

À noite fui com vários outros brasileiros assistir ao grande ato em homenagem ao 30º aniversário do exército russo. Na segunda-feira quase não saí, trabalhando em casa na preparação de artigos (para uma série de jornais e revistas) pois tenho uma enorme encomenda. Só saí para jantar (almocei aqui mesmo, comida preparada pelo Scliar, péssimo cozinheiro) e fui depois a outro cine-clube assistir filmes de Renoir,[32] bons. Ontem saí pela manhã cedo pois às nove horas tinha uma entrevista com Duclos,[33] com quem conversei longamente e a quem entrevistei (em breve mandarei as primeiras reportagens e entrevistas). Depois fui à aula: sim, tomei professora de francês (a companheira de Paulo Emílio),[34] já que tenho que falar pelo rádio e de fazer duas conferências (já acertadas).

Almocei com o pessoal da embaixada polonesa (já fui oficialmente convidado a visitar a Polônia) e depois fui à agente literária para receber os direitos do *Terras* mas ainda não chegaram da Tchecoeslováquia, tendo eu dado ordens para que deixem lá para eu os receber quando formos os dois. Se recebesse aqui teria que receber em francos, o que para mim não é vantagem. Jantei com o Arnaldo Estrela,[35] e a mulher,[36] no apartamento deles, onde fiquei até tarde. Como vês, tenho me movimentado muito. Isso além de visitas que recebo. Tenho para o resto da semana uma série de entrevistas com editores (todos os meus livros vão ser publicados aqui, a não ser os primeiros que não me interessa que saiam), com escritores etc.

Ainda não vi foi Paris. O frio não permite que se ande pela rua. Domingo fez 13 graus abaixo de zero. Hoje está fazendo 4. Um inferno. Ainda não vi nada, principalmente no que se refere a cabarés, teatros, etc. Amanhã vou ao teatro ver *O Processo* de Kafka, em adaptação de Gide.

Irei para a Itália entre 15 e 20 de março e Scliar irá comigo (já o encontrei de viagem marcada). Ele tem sido para mim quase que meus pés e minhas mãos. Esse mês aqui não vai me dar para nada mas quero voltar contigo para demorarmos mais. Muito teria para te contar. Quinta-feira começam a sair aqui coisas minhas: entrevistas, artigos etc. Mandar-te-ei recortes.

A vida aqui é muito diferente e ao que parece-me, assim à primeira vista, agradável e apaixonante. Creio que irás gostar da Europa, se bem que João vá te atrapalhar um bocado os movimentos. O nosso filho tão querido vai ser um problema para ti mas uma coisa compensa a outra e alegria de tê-lo paga a pena.

Manda-me, via aérea, o número de outubro da revista *Leitura*, onde saiu uma carta de Shostakóvitch[37] aos escritores brasileiros. Pelo menos a página da carta, mas sem falta.

Recebi carta da Lila,[38] vou escrever a ela. Vou também escrever aos velhos. Manda-me dizer quando vais para São Paulo e quando voltas, se devo te continuar a escrever para o Rio ou se devo te escrever para São Paulo. James até quando estará por aí? Até o casamento de Joelson? Vou procurar uma coisa para mandar pro jovem casal via aérea, presente de casamento.

Hoje envio para o *Estado de S. Paulo* quatro crônicas correspondentes ao mês de fevereiro e estou escrevendo ao Martins[39] para receber os cobres e te entregar. Sábado mandarei a história para o Alinor. Já recebi a pasta que tinha perdido no Havre e pus no correio a carta que te escrevera a bordo. Deve chegar ao mesmo tempo que esta.

Diga ao Ruy Santos[40] o seguinte: o filme que eu trouxe será exibido na sexta-feira para um grupo de escritores e artistas, na filmoteca francesa. Logo depois será exibido num grande ato que o pessoal vai fazer em homenagem ao cinquentenário do velho. Vai ser um ato formidável e o filme é um dos números. Eu, em nome de Ruy, inscrevi o filme para o Festival de Documentários Cinematográficos a se realizar agora em Praga, promovido pela Sociedade dos Amigos do Filme Documentário, uma coisa magnífica. Espero que o filme seja um êxito. Diga-lhe mais que há possibilidade de representação para filmes poloneses, se o Campiglia[41] se interessa. Caso sim mande-me dizer. E ele que está fazendo? Já começou a *Estrela da manhã*? E o Campiglia já te pagou os dois pacotes?

Amanhã, sexta, o caso da cassação será levantado na câmara daqui. Mandarei recortes. Conte ao Maurício ou ao Diógenes, assim como as demais coisas. Amor, aí estão as novidades principais. Como vês muita coisa já fiz em pouco tempo. Só que ainda não vi nada nem me diverti nada. Espero ver e divertir-me quando chegares. Tenho saudades tuas tão grandes que nem podes imaginar. Sonho contigo.

Amor, sabes que te amo demais. Tive muitas mulheres antes de ti, mas nenhuma foi a "minha mulher". Por isso não era fiel às outras. Tu foste a melhor coisa que a vida me deu e a minha alegria reside em ti. Não sei como suportarei te esperar. Anseio pela hora de te ver e de te ter ao meu lado. Como virás? De avião? Em que ficou o negócio do filme de Fernando? Procura saber o preço das passagens de avião daí a Roma e a Paris, pois creio que a viagem de navio com a criança vai ser muito incômoda para ti.

E tua mãe? Como vai? Gostou do sítio? Conta-me dela e dá-lhe um abraço meu. Abraça também, além de todos os amigos, a Antônio, Felícia e Nina. Telefona a Niemeyer e pergunta-lhe se ele aceitaria um convite da Tchecoeslováquia para visitar aquele país. Se ele aceita, manda-me dizer logo. Junto mando uma carta para os velhos. E vou escrever um bilhete a Lila que me mandou um retrato. Tenho também saudades de minha filha que tão pouco tenho tido comigo ultimamente.

Querida minha, meu amor, até logo. Fico contando os dias até as tuas cartas. Amo-te, amo-te, amo-te. Beije João e beija teu negro velho

Jorge

Três dias depois, uma nova carta, na qual fala das negociações para edições de livros seus na França. Quando chegou a Paris, meu pai tinha apenas dois livros publicados em francês, pela editora Gallimard, um deles em 1938, *Jubiabá* (*Bahia de Tous les Saints*), reeditado em 1946,

quando saiu também o *Terras do Sem-Fim (Terre violente)*. Movimentou-se em Paris buscando novas traduções dos livros *Mar Morto* e *O Cavaleiro da Esperança (Le Chevalier de l'Espérance)*, publicados em 1949, *Seara Vermelha (Les Chemins de la Faim)*, e *São Jorge dos Ilhéus (La terre aux Fruits d'Or)*, em 1951; *Capitães da Areia (Capitaines de Sable)*, em 1952; e *Cacau (Cacao)*, em 1955. Trata ainda do convite recebido para uma visita à Polônia.

**Paris,
28 de fevereiro de 1948.**

QUERIDA MINHA: RECEBI TUA CARTA de 21 e os recortes. Tua carta deu-me grande alegria e os recortes chatearam-me pelas notícias daí. Aqui continuo, ainda numa roda-viva que tem aumentado nesses dias, sem ter conseguido (e creio que isso não vai ser possível antes de chegares) me organizar um pouco, de tal maneira que tenha meu tempo distribuído. O caso é que começo a ver gente pela manhã e termino tarde da noite. Nesses três dias depois da minha última carta fiz milhares de coisas. Vou deixar de te relatar meus passos, porque muitos deles, no momento a maioria, só mesmo pessoalmente.

Devo te dizer, no entanto, que o filme do Ruy foi exibido ontem na Cinemateca Francesa pela primeira vez, para um público escolhido, com grande êxito (apenas o som dessa cópia está bastante mau), que falei ontem pelo rádio (pela rádio oficial na transmissão para Portugal e América Latina), às sete horas da noite, numa entrevista. Que já estou com o *São Jorge* e o *Capitães* praticamente vendidos à Gallimard (NRF), a mesma editora que lançou o *Jubiabá* em 38, do qual agora vai tirar novas edições. Que *Vida de Luís* já está sendo traduzida para as Éditions Sociales Internacionales, numa coleção dirigida por Aragon. Que o *Seara* vai começar a sair como folhetim nas *Lettres Françaises* e logo depois em livro (recebeste este jornal com minha entrevista?). Para semana terei novos recortes ou jornais para ti. Só não fechei ainda negócio com Gallimard porque tenho proposta de outros editores e estou estudando o que fazer.

Vi ontem à noite o filme do Chaplin, maravilhoso. Ainda não estive em nenhum cabaré (por ora compromissos, compromissos, compromissos) mas fui na quinta-feira a uma "cave" (uma espécie de adega onde se bebe vinho e se ouvem velhas canções francesas). É curioso mas com uma hora cansa. Só canções e anedotas. Verás quando vieres. Estou preparando as primeiras reportagens para a *Imprensa* e já mandei os primeiros artigos para o *Estado*. Já escrevi artigos para aqui, que devem começar a sair na próxima semana, estão sendo traduzidos.

Não imaginas os dias de ânsia e entusiasmo que vivemos com o problema da Tchecoeslováquia. Grandes coisas. Verás minha reportagem sobre o assunto. Já fui convidado para visitar a Polônia. Lá iremos. Ainda não tenho ideia se virás para aqui ou para Itália. Só mesmo lá poderei resolver. Devo viajar entre 15 e 17, em companhia do Scliar. Para a viagem compramos uma vagabunda máquina de retratos (930 francos, mais ou menos 80 cruzeiros) com a qual tiramos as fotografias que te envio.

Imagino as atrapalhações em que estás. Mas sei também, querida, que as resolverás. Uma coisa desejo saber: em que fica a viagem de Fernando. É possível vires com eles ou não?

Amor, estou cada vez mais saudoso. Doido para que chegues e para que estejas aqui comigo, tu e João. Não sei mais levar tanto tempo longe de ti, a saudade é demasiada. Como vão meus velhos, meus irmãos e tua mãe?

Estou escrevendo a papai sobre a questão do dinheiro e mandando junto com esta carta. Aliás estou endereçando tudo para ele porque não sei se esta carta te alcançará aí ou em São Paulo. Assim ele abrirá e enviará para ti se não estiveres aí.

Amor, até logo. Fico ansioso esperando notícias tuas. Te amo muito, muito, muito. Beijo-te muitas e repetidas vezes. Beije João por mim, abraça aos nossos, e queira ao teu, do coração,

Jorge

Na carta de 6 de março, depois de contar do seu dia a dia em Paris, com compromissos diversos, passa a responder à carta de minha mãe, recebida na véspera. Pela resposta pode-se concluir que a carta recém--recebida mostrava os ciúmes e a insegurança dela, sozinha no Rio enquanto meu pai estava em Paris. Em sua resposta ele busca aplacar os seus temores e desconfianças, não somente com declarações de amor e fidelidade, como desqualificando a pianista por quem minha mãe mostrava ciúmes. Fotos da época mostram que Anna Stella não era uma mulher gorda e muito menos feia. Aparentemente essas declarações serviram para tranquilizá-la pois minha mãe se refere a esta carta em seu livro *Senhora Dona do Baile* no capítulo "Visita inesperada": "Eu recebera carta de Jorge nesse dia, carta de amor, cheia de planos e de saudades; encontrava-me feliz".

≋

Zé, minha querida:

RECEBI ONTEM UMA CARTA TUA, escrita em vários dias, e começada no sítio e terminada no Rio. Fiquei feliz de ler tuas palavras e triste de ver que estás trabalhando muito na liquidação do sítio e da casa, sem ter quem te ajude. Mas já terminará isso e em breve estarás aqui e então será bom. Minhas saudades são cada vez maiores e não consigo gostar inteiramente das coisas porque não estás a meu lado. Fiquei muito feliz também com as notícias do moleque João, a quem imagino crescido e cada vez mais risonho.

Estou te escrevendo com cópia, pois não sei onde esta carta te alcançará. Assim mandarei uma cópia para o Rio e outra para São Paulo (casa do Paulo)[42] e uma delas tu a receberás logo. Junto uns recortes. Mandei-te jornais há dias, recebeste?

Bem, vou indo, sem maiores novidades. Tive uma gripe muito forte, com febre e tudo, que me prendeu dois dias em casa, o Scliar (mãe amantíssima) me tratou, tomei um burro suador e fiquei melhor. O frio também melhorou se bem a temperatura ainda esteja muito baixa, o que obriga a gente a vestir um mundo de roupa, coisa desconfortável. Meus pés estão em petição de miséria devido às meias de lã e não posso suportar quase que os sapatos. Mas, fora essas besteiras, vou bem e satisfeito. Estaria feliz se não fosse a tua ausência.

Estou gostando (agora já posso ter uma ideia e dar um palpite) da vida aqui. É muito rica de elementos culturais e artísticos e creio que esta viagem vai me ser infinitamente útil, sob todos os aspectos. Minha tendência é demorarmos o mais possível, três anos pelo menos. Com menos tempo é impossível ver a Europa. Nesse particular de ver a Europa, ando preocupado contigo. Meu desejo, bem sabes, é que andes o mais possível comigo. Para mim é ótimo pois sem ti não me sinto completo e para ti será formidável. Mas creio que João vai te perturbar muito. As condições de alimentação são muito difíceis em certas partes e não sei como vai ser. Enfim, isso é uma coisa que aqui, contigo junto, examinaremos e acharemos, sem dúvida, uma boa solução. Algum imposto teremos que pagar pela alegria de ter João, não achas? Vale sempre a pena.

Irei para a Itália talvez a 17, talvez depois, está na dependência da necessidade de eu ficar mais uns dias aqui, o que parece indispensável. De qualquer maneira, até o fim do mês estarei indo para a Itália. De lá te escreverei dizendo para onde deves vir. Se para lá, se para a França. Talvez mesmo que venhas para fazermos da Itália nosso centro de vida, valha a pena vires via Paris, assim já ficarás conhecendo isso aqui. Mas só mesmo da Itália poderei te dar um palpite definitivo. Porque, se vieres para ficar em Paris, então o melhor é vires via Itália para conheceres, não achas? Já estou oficialmente convidado pelos governos da Polônia e da Iugoslávia para visitar esses países e por esses dias mais próximos devo receber idênticos convites dos governos da Tchecoeslováquia e da Hungria.

Tenho feito muita coisa, visitado muita gente, conversado com imensidade de escritores, poetas, artistas, diplomatas e gente do povo, e há quem diga que sou o "sucesso de Paris". O termo vai por conta de uma certa vaidade da colônia brasileira (Scliar & Cia.) mas a verdade é que nunca imaginei ser tão conhecido e "lido".

Toda a gente mais importante culturalmente de Paris, franceses e não franceses, tem me procurado. Estou com excesso de editores (recomendo Graciliano,[43] Erico,[44] Zé Lins,[45] Zé Geraldo,[46] Dalcídio,[47] Rachel[48] etc.) e com excesso de almoços e jantares (infelizmente não tenho passado bem do estômago), de visitas, de encontros, de entrevistas para jornais. Tenho visto museus, andado um pouco em Paris, o pessoal pôs uma secretária (não tenha ciúmes que é pessoa séria e que de tanto eu falar, já te estima) à minha disposição, e quando Scliar não pode ela me acompanha para ajudar meu francês capenga. Não é bem secretária mas é a pessoa a quem mando minhas coisas para que traduza e que, quando necessito ver o nosso pessoal, marca-me os encontros.

Fui a alguns clubes de cinema, a dois teatros (muito bons), mas depois o que fazer é tanto que o tempo está ficando curto mesmo para isso. Preciso, inclusive (é o que diz Scliar), pôr um certo paradeiro nisso senão vou viajar daqui sem ter visto uma série de coisas.

Falas em tua carta eu "que me divirta". Se a isso chamas divertir (e eu chamo), então tenho me divertido. Mas se empregas o tempo em outro sentido (e assim me pareceu) então te enganas. Creio que se morresse hoje e minha vida (no particular) fosse julgada desde que te conheci, eu entraria no céu imediatamente e vestiria um véu de virgem. Fui a 3 cabarés, no domingo, na companhia pouco instrutiva, no particular, do Scliar. Os dois primeiros pareceram-se sem nenhum interesse. "Show" de mulheres nuas (regularmente velhas), num inteiramente, noutro como em qualquer teatro de revistas daí. O terceiro era um cabaré de frescos. Muito sórdido mas, pelo menos, diferente. Essa foi a minha vida "noturna" de Paris. Quanto a Anna Stella,[49] eu a vi duas vezes antes dela viajar (está na Inglaterra). Uma vez recebi, por intermédio do Consulado Brasileiro, um convite para assistir e participar de uma irradiação em televisão. Fui com Scliar. Lá encontrei, entre outros brasileiros, a Anna Stella (gorda e feia) que tocou. Eu a vi outra vez, também com vários outros brasileiros, num ato onde fui com Aragon. E só. E sobre o assunto basta também pois bem sabes que a senhora esta não me interessa em absoluto. Nem outra senhora qualquer. Interessa-me tu, meu bicharoco lindo e louco. Tu que largaste tudo, família e casa, honra e amizades, por mim, que me amas e que és loucamente amada por esse teu negro que muitas vezes não sabe te mostrar toda a ternura que sente porque a vida o tornou calado, rude e meio soturno. É curioso, Zé: já há algum tempo eu cheguei à conclusão de que minha vida sexual de tantas mulheres se devia a que nenhuma delas me satisfazia. Assim, quando vivi com Matilde ou quando vivi solteiro em São Paulo. E digo isso porque não me custa nenhum esforço te ser fiel. Eu dormia com muitas mulheres porque sentia vontade de dormir com elas. Hoje não sinto essa vontade, basta-me com dormir contigo. Não considero sequer minha fidelidade como virtude porque ela não me custa esforço nenhum. Isto é o que deve ser, realmente, amor, compreensão perfeita, inclusive sexual.

Rebentou qualquer coisa em minha máquina pois a fita não corre e estou escrevendo com dificuldade. Vou parar por isso, repetindo que te amo. Abraça os meus e os teus, Fanny também, a minha nova cunhada, abraça Paulo e Aparecida, se estás em São Paulo, beija João por mim e o teu filho e amante,

Jorge

PS — Arranca o dinheiro do Martins, pois a vida aqui é cara. Diga a ele que estou escrevendo o romance, o que é verdade. É outro plano que não conheces e que concebi aqui. Pode sair uma coisa muito boa.

Jorge

A próxima carta, de 13 de março, é uma das poucas manuscritas. Meu pai não gostava de escrever à mão. Com a máquina no conserto, não teve alternativa, a correspondência passou a ser manuscrita, resultando em cartas mais curtas que as habituais, datilografadas. Fala nessa carta de um encontro com escritores não comunistas que resultou na assinatura destes num telegrama de artistas e intelectuais ao presidente do Chile protestando contra as perseguições ao poeta Pablo Neruda.

Fala também do andamento dos contratos de tradução de seus livros, não somente para a França, como para outros países europeus.

**Paris,
13 de março de 1948.**

MINHA NEGRA QUERIDA: toda a saudade do mundo. Há uma semana que não tenho cartas tuas. Recebi recortes de S. Paulo, pela letra conheci terem sido enviadas por ti, donde depreendi que já estavas em S. Paulo. Mas depois da carta começada no sítio e terminada no Rio, não recebi nenhuma outra e estou preocupado. Imagino que devas estar abafada do que fazer mas sei que não haveria falta de tempo que te fizesse deixar de me escrever e temo que tenha havido extravio de cartas. Daí recebi uma breve carta da Lila e uma do Graciliano e só. E os recortes são "divertidos", pelo menos os que se referem a mim.

Aqui vou, saudoso de ti cada vez mais, cheio de que fazer, de visitas, recepções, editores, artistas, um inferno, com minha máquina no conserto pois começou a rebentar na semana passada, deixou de escrever e a casa consertadora pediu-me 8 dias e só na próxima terça-feira me entrega. Ontem tive duas recepções: uma às 4 ½ da tarde (terminou às 8 da noite) oferecida pelo editor Nagel que publicou aqui o *Terre Violente*. Estavam todos os escritores franceses não de esquerda: Mauriac,[50] Sartre,[51] Maurois,[52] Duhamel[53] etc. Grã-fina a recepção e, por consequência, formal, com champagne e conversas sobre existencialismo. Mas dela saiu um protesto, firmado pelos tais, sobre o caso de Pablo. E logo, às 8:30, uma outra numa livraria, onde Pierre Daix[54] falou sobre minha obra e eu falei sobre o Brasil. O contrário exatamente da primeira, durou até meia-noite, quando vim com o Scliar e o casal Arnaldo Estrela jantar no quarto de Scliar (que atualmente é um grande cozinheiro).

Há poucos dias fui a uma festa na Embaixada da Polônia, muito simpática (concerto de câmara e após, salgadinhos, champagne e vodca) envergando um smoking emprestado por um brasileiro, Coutinho, advogado e funcionário da prefeitura, amigo de Joelson. Ontem a Embaixada mandou-me fotografias minhas tiradas na festa e eu te envio uma, noutro envelope, para que me vejas de smoking em Paris. Fui ao teatro ver *Bas-Fond*, de Górki, muito bom. No entanto minha vida tem sido cheia de trabalho.

Deixo de te dizer muita coisa, quando chegares, verás. Mas mando-te um recorte e o que posso te dizer é que só viajo para a Itália no fim do mês devido a várias coisas a fazer ainda. Não tenho tido tempo para ver Paris, passear etc. Mas não me importo muito porque eu o farei contigo quando tiveres chegado.

Já estou com todos os meus livros (exceto os 3 primeiros, o *ABC* e o *Bahia* que não me interessa vender) negociados com editores daqui e o *Terras* foi vendido para o eslovaco, o holandês, o finlandês e o polonês. O representante literário meu, na Holanda, é um braço. Creio que colocarei todos os meus livros em toda Europa.

E João? Os dois Joões, o avô e o neto? E mamãe? James e Jacinta? Joelson e Fanny? Tua mãe, tuas irmãs? E teu filho Luiz,[55] tiveste ele contigo ou não? Conta-me as coisas, manda-me dizer quando estarás no Rio, se Fernando vem de avião, escreve-me, morro de saudades tuas e de João. Comprei um chapéu para ti, não sei se gostarás, mas achei engraçado.

Chegou da Itália o Justino Martins,[56] da *Revista do Globo*. Apaixonado pela Itália. Scliar está fazendo uma relação das coisas que deves trazer. Estou cansado e saudoso. Falo de ti a toda a gente e a toda gente mostro o teu retrato e o do João. Chego a ser chato, creio. Abraça, querida minha, a todo mundo, beija João e beija o teu filho que te ama,

Jorge

A carta de 17 de março também é manuscrita. A máquina não ficara ainda pronta, mas estava prometida para o dia seguinte. Trata, principalmente, da viagem de minha mãe para encontrá-lo na Europa. Levanta as dificuldades e expõe as alternativas: navio para França ou Itália

ou avião. Minha mãe terminaria por embarcar num navio para a Itália. É curioso notar que, quando trata de suas próximas viagens ao Leste Europeu, evita citar nominalmente a União Soviética: fala da Hungria, da Iugoslávia, da Polônia e da Tchecoeslováquia além da Romênia (que chama Rumânia) e da Bulgária, mas quando se refere à União Soviética, refere-se a ela como "outro país". Reflexo da Guerra Fria, quem sabe?

**Paris,
17-março-948.**

AMOR: RECEBI ONTEM TUA CARTA de 6 quando já estava aflito de falta de notícias tuas. Continuo louco de saudades de ti e de Jão Neto. Recebi também um envelope com recortes. Só amanhã receberei minha máquina, motivo por que te escrevo à mão. Logo que tenha a máquina quero te escrever uma carta longa sobre a vida daqui; hábitos, costumes etc. (uma coisa sobre modas: se estás fazendo vestidos, então faz compridos pois aqui nenhuma mulher usa vestidos a não ser no meio da perna. É a moda). Tenho uma quantidade de observações a contar-te mas sabes que à mão sou incapaz de escrever. Vamos ver se eu dou um pouco de ordem a esta carta porque quando começo a te escrever só me dá vontade de te falar de meu amor e de minha saudade.

1º) Os 30 mil do Martins. Duvido que saiam. Mas aperta o mais que puder. Ciente sobre o livro de poemas. Se ele está com medo que adie a publicação. Mas não admito que corte nenhuma palavra. Estou escrevendo o romance, está saindo uma coisa ótima (pelo menos me parece). Ainda não tem título. Até fins de maio mandarei para ele.

2º) Os 2 mil do Campiglia. Exija o recebimento. Aperte o Rui. Não admita que não paguem.

3º) Caso te falte dinheiro aí, vende troços nossos (geladeira, rádio etc.) ou manda me dizer que tomarei providências junto a amigos meus para que te forneçam.

4º) Tua vinda. 2 assuntos muito importantes (um é a homenagem ao Velho que só será na próxima semana, outro é acabar de acertar minha viagem para outro país). Impediram-me de ir para a Itália a 18 como pensava. Só irei a 30. Ainda não decidi se faremos de Paris ou da Itália nosso centro de permanência. Isso só poderei decidir na Itália, logo após chegar. Assim espero que até o dia 5 de abril, no máximo, te escreverei dizendo se deves embarcar para porto francês ou italiano. Creio que podes ir logo vendo navio ou para o Havre ou para Itália após 10 de abril, a não ser que saia o "aeroplano" do Fernando e possas vir de avião com 50% de abatimento. Penso que o mais provável é vires inicialmente para a Itália, mas se eu tiver de voltar à França nos fins de abril (o que é muito possível, só em chegando à Itália saberei) então será melhor vires pela França. Caso venhas por aqui, busca um navio da Chargeurs Réunis, são os mais baratos e são bons. Estou doido para te ter ao meu lado, a ti e a João. Vou te enviar uma relação de coisas que deves trazer (traz principalmente leite em pó (para João), café, feijão, arroz e chocolate, porque comida aqui é um problema seríssimo e a fome é dura), inclusive pelo menos 10 exemplares de cada livro meu, retratos (tudo que houver de retratos) etc. Estou, com Scliar, fazendo uma relação.

Não sei mais como te esperar. Sonho contigo todas as noites e é aquele horror. Creio que já nem sei funcionar, mas creio também que te virarei pelo avesso quando chegares. O tempo esteve bom durante uns 5 dias, ontem voltou a fazer frio e hoje começou a chover, piorando o frio.

Junto a esta um recorte do nosso diário em Roma, anunciando minha chegada próxima e noutro envelope te envio uns quantos recortes de entrevistas, notas etc., pelos quais verás como estou trabalhando. Meu tempo é curto para o muito que tenho a fazer.

Diga a James que o Vasco[57] e a esposa[58] (que chegou há poucos dias) moram aqui no hotel, onde cozinham bons jantares. Estou sempre com o Arnaldo Estrela e mulher e com o Cláudio Santoro[59] e esposa. Também com o Árpád que tem sido gentilíssimo e está fazendo meu retrato. Tive que tirar umas fotografias aqui pois as que trouxe acabaram-se logo. Não está pronta ainda, logo que esteja te mandarei. Recebeste a que te mandei de smoking, numa festa da embaixada da Polônia?

Recebi hoje o convite oficial do governo da Hungria para visitar esse país (antes já recebera da Iugoslávia e da Polônia e já está certo a Tchecoeslováquia também, sendo que Rumânia e Bulgária estão sendo providenciados. Espero que antes do fim do mês esteja tudo isso resolvido; esse foi um dos motivos de demorar aqui, mas, principalmente, por outro país onde creio que vou em julho (no verão). Quando chegares tudo isso já estará resolvido e a minha corrida será menor. Na próxima carta te mandarei um endereço na Itália para onde poderás me escrever.

Estou com todos meus livros negociados aqui. E negociados em outros países da Europa. Trata de visar logo teu passaporte na Itália, França e Polônia.

Tenho visto exposições, museus, concertos, teatros. Assisti um filme lindo, *14 juillet*, de René Clair, de 1934, que adorarias. Meu francês continua mambembe mas vou me entendendo. Desisti de estudar, era muito caro, pesava demais no orçamento, cada aula 500 francos. Vou me atirando como posso. O pior vai ser que na Itália vou esquecer o francês sem chegar a aprender o italiano.

E Joelson e Fanny casam onde? É mesmo no dia 20? E James ainda está aí? E o romance dele? E os velhos? Mamãe já está mais consolada com o casamento de Joelson? E os teus? Teu filho? Ficaste feliz de vê-lo bem me imagino. Imagino também que vais ter aqui muitas saudades dele mas, meu amor, espero saber evitar que sofras muito.

Querida minha, negra minha, minha mulherzinha, sonho contigo todos os dias. Vai ser uma lua de mel quando chegares. Lua de mel na Itália. Vai ser bom.

Abraça os meus e os teus, beija nosso filho e beija o teu filho e marido e amante

Saudosíssimo

Saudosissíssimo

Jorge

manda recortes

Uma semana depois, nova carta. A situação política tensa e o temor de nova guerra, além da falta de tudo, na Europa do pós-guerra, põem em dúvida a oportunidade de minha mãe me levar para a Europa com ela. Meu pai deixa a decisão para ela, mas termina a carta dizendo que "traga João". Continua sem citar a União Soviética quando diz que já tem quatro vistos para Polônia, Iugoslávia, Hungria e Tchecoeslováquia e que ainda faltam quatro, para a Albânia, a Bulgária e a Rumânia e, principalmente para o quarto, para ele o mais importante. Esse quarto país é a União Soviética.

**Paris,
23 de março de 1948.**

QUERIDA MINHA, MINHA NEGRA SAUDOSA, meu amor mais lindo do mundo, novamente estou há uma semana sem cartas tuas, sem saber se estás no Rio ou em São Paulo, o correio de ontem trouxe carta da Argentina (de Rod. Ghioldi)[60] mas nada do Brasil. Não sei nem de ti, nem de João, nem dos meus velhos nem dos meninos.

Aqui faz novamente frio, um tempo feio, escuro, sem sol. Isso após uns dias bonitos e alegres, de sol brando e doce. Creio, no entanto, que é o último frio e depois teremos o início da primavera (que pelo calendário já começou anteontem). Estou doido para ir para a Itália, mas, infelizmente, ainda não posso sequer marcar data certa de viagem pois os assuntos que me prendem aqui ainda não estão resolvidos. Já estou com 4 vistos: para Polônia, Iugoslávia, Hungria e Tchecoslováquia. Faltam-me 4: Albânia, Bulgária e Rumânia e estou à espera da reposta desses países sobre minha ida, o convite e o visto. E principalmente do quarto, para mim o mais importante. Grandes promessas, dizem que é certo, já enviaram tudo para lá mas ainda não chegou, e eu quero sair daqui com esses assuntos resolvidos, inclusive porque como não sei a maneira como evoluirão os acontecimentos tampouco tenho ideia de como será nossa vida dentro de 3 ou 4 meses. Parece-me que muita coisa aqui está na dependência das eleições italianas que serão a 18 de abril. Tudo pode suceder após. Mas isso é assunto que só pessoalmente para conversarmos. Ou então eu teria que te escrever uma imensa carta explicando, mas isso vais ler nas reportagens que mando por este correio pros nossos jornais. 3 reportagens sobre situação da Europa. Manda-me recortes quando saírem. Mas falo nisso por causa de tua viagem. Creio que o mais certo é embarcares para a Itália. Caso seja de avião (no aeroplano do Fernando) então deves permanecer, uns dias em Portugal, caso embarques antes do dia 25 de abril, porque já então imagino ter uma perspectiva do que fazer e onde ficar. Caso venhas de navio podes embarcar aí em qualquer navio entre 10 e 15 porque assim vais chegar na Itália no fim do mês, quando já as primeiras repercussões das eleições estarão passadas. Mesmo que, se vieres de navio, eu tenha tido que sair da Itália (e espero que não, só no caso de acontecimentos brutais), o Carlitos te esperará lá e eu estarei, certamente na Iugoslávia, onde irias me encontrar. Mas com certeza estarei te esperando no cais de Gênova ou de Nápoles. Assim sendo acertemos o seguinte: se vieres de avião antes do fim do mês, paras em Portugal onde esperas carta minha dizendo para onde deves vir. Caso venhas de navio embarca aí na altura do dia 15 ou pouco mais para a Itália. Certo?

Uma coisa, negrinha, desejo que penses sobre ela: o ambiente aqui é de que tudo pode suceder nos próximos meses, a guerra inclusive. Não é apenas chantagem, é a preparação guerreira. Bem, eu te pergunto e tu é que decides: nesse caso, com esse ambiente (não podes sequer imaginar o que é de tão tenso), vale a pena trazer João? Para mim é terrível não tê-lo aqui, mas não sei o que seria melhor para ele. Eu e tu, os dois sós, nos arranjamos em qualquer parte e em qualquer tipo de vida. E ele? Eu mesmo não me animo a te dizer "façamos isso ou aquilo, traz ou não traz João". Mas eu estou cheio de saudades e toda a gente sensata daqui diz que não devia trazê-lo pelo menos imediatamente. Mas eu penso que sofrerias muito longe de teus dois filhos, e que, por mais limitador que ele seja para teus movimentos e por mais sacrifício que seja tê-lo, vale a pena. Porém penso nele e não sei. Pensa nisso e o que resolveres está bem resolvido.

Bem, aí está a tua carta de chamada. Nos fins de abril estaremos juntos e isso para mim é a vida. Já não posso mais de saudades.

Não sei ainda o dia de minha viagem para a Itália. Logo que tenha solucionado todos os meus assuntos aqui, mas temo que ainda demore mais do que esperava. As coisas nem sempre marcham com a rapidez com que desejaríamos

E Joelson e Fanny? Casaram-se? Onde? E os velhos? Tomaram apartamento? E James? Ainda está por aí ou já voltou para a Bahia? Manda-me notícias de todos. Viste a Lila por acaso? Vou mandar um cartão a ela. Recebeste o dinheiro do Campiglia? Como estás de dinheiro? Estou um pouco preocupado com isso. Trato de fechar uma série de contratos aqui na Europa para garantir nossa vida por mais uns meses sem problema financeiro. É outra coisa que ainda me prende aqui, os contratos de edição. Já assinei dois: um com Gallimard (NRF) para a tradução do *Capitães da Areia* e a reedição do *Jubiabá*. Outros com as Éditions Sociales para a tradução do *Seara*, que sairá primeiro como folhetim no *Lettres Françaises* e depois em volume. E estou tratando do *São Jorge*, da *Vida de Luís*. *Mar Morto* sai em outubro.

Assinei contrato para o *Terras* com a Polônia (250 dólares do adiantamento), Holanda e Eslováquia (língua eslovaca) e estou esperando o contrato da Finlândia. O representante é muito bom.

Bem, amor, vou terminar, pois tenho um almoço na Embaixada da Tchecoeslováquia e está na hora de ir (aqui passa-se metade do dia viajando do "metrô" pois a cidade é enorme e as distâncias horríveis). Escreve-me. Caso eu siga para a Itália no dia 30 te escreverei dando um endereço em Roma para onde me escreveres. De qualquer maneira só ficarei aqui até o dia 8 de abril, meu prazo máximo para resolver todos os assuntos. Caso até 8 de abril não tenha resolvido tudo irei assim mesmo pois quero pegar pelo menos os dez últimos dias da campanha eleitoral. Mas tenho esperanças de ir antes, de pôr tudo em ordem até 30.

Uma coisa importante: visa aí teu passaporte, além da França e Itália, para Polônia (te é fácil), Tchecoeslováquia (não é difícil) e Iugoslávia (o Maurício pode te apresentar nesta embaixada). Inclusive podes dizer que eu já tenho visto e convite para esses países. Isso evitará uma enorme perda de tempo aqui. Trata imediatamente disso.

Amor, tenho um mundo de saudades e de ternura. Apenas creio que me encontrarás inteiramente brocha, pois já perdi o hábito. Abraça toda a gente, beija minha mãe e meu pai e João, abraça os meninos.

Um beijo, amor, com toda a saudade do teu filho,
Jorge

Última hora: por mim traz João.

Esta foto acompanhava a carta.

Esta carta é, novamente, manuscrita, para desgosto de meu pai. Não se tratou de novo defeito da máquina. Enquanto ele escrevia, Scliar usava a máquina para datilografar um artigo.

Quando da sua viagem para a Europa, seus pais moravam no segundo andar do Hotel Ópera, no Catete. Foi de uma janela do quarto do hotel que Professor, o gato de Lalu, caiu ou saltou (nunca ficou claro). Machucou-se bastante, mas sobreviveu. A suspeita de que Professor, confinado no quarto, desesperado ao ouvir os miados de alguma gata no cio, tivesse saltado fez com que Lalu mandasse castrar o gato para que ficasse mais calmo. A partir de então, passou a chamá-lo também de Capadócio.

Na carta, está uma relação de mantimentos a serem levados por minha mãe, para suprir a falta de gêneros que havia por lá. Aproveitava para pedir alguns produtos brasileiros, como o feijão, a goiabada e a farinha de mandioca.

Pede, também, que minha mãe leve livros de Graciliano Ramos, Dalcídio Jurandir, José Lins do Rego e Dorival Caymmi. Seu contato com editores na França abria portas para a tradução de outros autores brasileiros.

Quanto a Caymmi, este era quase gêmeo de meu pai. Os dois afirmavam que, se Caymmi escrevesse romances, escreveria os romances de Jorge Amado e que, se Jorge Amado compusesse, comporia as canções de Dorival Caymmi. A amizade era tanta que se insultavam todo o tempo. Na carta meu pai chama Caymmi de miserável.

Esta carta também é citada por ela em *Senhora Dona do Baile*:

A última carta de Jorge trazia junto um bilhete para o pai. Recordava-lhe que chegara a hora de pagar minha passagem. A primavera surgia na Europa, Jorge estaria na Itália com Scliar, onde o clima era mais ameno do que na França. Eu iria encontrá-lo lá, sem preocupação com o frio, a criança suportaria bem.

**Paris
30-III-948.**

AMOR, QUERIDA MINHA: acabo de receber tua carta de 21-22, fico a par das notícias, li os recortes juntos. Realmente não creio que o *Estado* publique mais colaboração minha. Eu havia enviado 4 pequenas croniquetas, correspondentes a fevereiro, e ia mandar mais quatro de março, já não mandarei. Que eles se vão à puta que os pariu. Ao demais, a verdade é que já não estou em idade de escrever com limitações e não tenho interesse de escrever coisas tolas que possam ser publicadas pelo jornal dos Mesquitas.

Quanto a dinheiro, o importante é que tenhas para a viagem. Se necessário vende a geladeira, o rádio (caso não vendas o rádio, é bom trazê-lo), o que tivermos. Temos aqui dinheiro para este ano (com economia que tu sabes fazer) e já tenho quase mil dólares a receber de contratos de edição, o que já representam meio ano de 1949. No entanto, quanto mais tragas, melhor, pois a vida é dura e João necessitará certo conforto. É importantíssimo que tragas o máximo de alimentos. Principalmente leite em pó (por causa de João, não há leite nenhum), café, chocolate, arroz, carne enlatada etc. Pede presente a todo mundo. Eu acho que deves trazer João. Por mais difícil que seja, é melhor que ele esteja conosco.

Já te escrevi sobre tua viagem. Deves embarcar para a Itália, o navio mais barato (e peça ao velho dinheiro para o mais caro) logo após 15 de abril. Assim chegarás após a repercussão das eleições. As eleições serão no dia 18 e a apuração é rápida. Tudo pode suceder à base dessas eleições; hoje elas são o acontecimento central da política europeia e mundial. Pode haver a revolução, a guerra civil, a intervenção militar franco-americana e até a guerra. Mas ao chegares no fim de abril, já estarão as coisas claras e tudo que pode suceder de pior é não me encontrares na Itália (mas onde certamente encontrarás Scliar) e teres que seguir imediatamente para a Iugoslávia ou a Tchecoeslováquia. Mas espero estar no cais italiano a tua espera.

Só viajo para a Itália no dia 6, mas não pelos tolos motivos por que podes imaginar. Ando tão distante dessas coisas que nem sei. Mudei muito nos últimos anos, minha filha. 3 motivos fizeram-me demorar aqui além do que eu pensava: 1º) O grande ato ao Velho que vai ser realizado aqui, dia 5 (só hoje a data foi marcada), no Salão de Chimie, onde falarão Duclos, Aragon e eu. Esse ato foi a coisa mais importante que consegui aqui e não ia abandoná-la apenas para cumprir estritamente um plano anterior de viagem. Creio que és capaz de compreender. 2º) Contratos de edição dos meus livros, o que representa dinheiro para nossa vida. Já assinei 3 aqui: com a Gallimard (NRF) para *Capitães* e reedição de *Jubiabá* que eles haviam publicado em 38 e está esgotado. Com Hier et Aujourd'hui (editora nossa) para a vida do Velho; com Bibliothèque Française para *Seara Vermelha*, que sairá em livro e em folhetim em *Lettres Françaises*, ao mesmo tempo. Resta o *São Jorge* que devo decidir por esses próximos dois dias, está entre três editoras: Nagel, NRF e Minuit. 3º) Resolver a questão da minha viagem aos países do Leste. São 7 países, sete embaixadas, sete convites a receber, vistos, o diabo. Mas já estou com tudo praticamente resolvido. Hoje janto com o ministro da Albânia, amanhã almoço com o da Rumânia e sábado a embaixada da Bulgária me oferece uma festa, uma recepção. Já estou convidado por todos os países e vai ser uma grande viagem. Porém ainda não tive resposta do país que mais me interessa, o primeiro para mim, o que espero esta semana.

Eis aí os motivos da minha demora, querida. Quanto à secretária, é uma pessoa que fala português e como meu francês é infame foi posta à minha disposição para quando eu necessitasse. É boa pessoa e muito competente, mas só isso. É outra Fanny, filha minha, não tenhas ciúmes tolos. À proporção que melhora meu francês, menos eu a utilizo. Só quando tenho um encontro com pessoa importante ou para traduzir uma coisa que eu escrevo.

Bem, duas coisas importantes que desejo repetir apesar de já ter te falado nelas em carta anterior. a) Traga teu passaporte visado pelas embaixadas da Iugoslávia (Maurício ou Amazonas podem te apresentar), Polônia e Tchecoeslováquia. b) Se, ao vires, a coisa estiver muito feia na Itália podes parar em Lisboa e de lá me encontrares onde eu estiver. Digo apenas como uma possibilidade, já que os boatos são os mais diversos e contraditórios. No entanto estou cheio de confiança. *Traz alimentos.*

Antes que me esqueça, anota o meu endereço para correspondência em Roma. Após receberes esta podes já me escrever para lá. É: favor de Manuel Sadowsky — Via Rovigo 4 — Int. 2 — Roma — Itália. — De Roma te mandarei o nosso endereço, logo que alugue nossa mansarda.

E Joelson e Fanny? E James e Jacinta? E os velhos? Dê-me notícias de Professor,[61] senti muito a queda que ele levou. E a Lila, que sabes dela?

Scliar vai bem. Está aqui batendo um artigo na minha máquina, o que me obriga a escrever à mão, e ele nem se dá conta de que eu gostaria de fazê-lo à máquina. Mas é ótima pessoa e te manda abraços. Vamos juntos para a Itália onde ele demorará três meses.

Via Ruy Santos mandei já quatro reportagens longas (inclusive uma reportagem de Duclos para a *Popular*). Sabes se eles receberam? Manda-me os recortes. Para ti e para Joelson (a este pedindo sempre que mostre a Katarina, cliente dele) tenho enviado múltiplos recortes e para ti fotos. Tens recebido? Dizem aqui que alcancei um incomum sucesso literário. Realmente fui magnificamente recebido aqui. Homenagens, imprensa, convites etc. E creio que fiz algo produtivo.

Traz também pelo menos dez exemplares de cada livro meu, tudo que tivermos de fotos, o livro de Caymmi,[62] discos desse miserável, e, se conseguires, alguns livros de Graciliano, Dalcídio, José Lins, José Geraldo etc., pois é possível traduzi-los por aqui. Traz também as poesias completas de Castro Alves.[63]

Espero que quando recebas esta já estejas providenciando tua viagem. Nem vou falar em minhas saudades de ti e de João. Me acostumei contigo, Zé, me acostumei demais. Só aqui no estrangeiro, sinto quanto me agarrei a ti e o que significas em minha vida.

Inclusive nunca pensei em escrever *à mão* quatro folhas de papel a ninguém no mundo. Só mesmo a ti, querida minha, meu amor saudoso, minha negra linda.

Hoje chove e penso em que se estivesses aqui... Mas é melhor não pensar. Eu poderia te fazer uma carta sobre como é Paris e a vida aqui, bem diversa daí, mas prefiro que vejas. Penso em te trazer a Paris, talvez ainda na primavera. Mas acertaremos tudo isso aqui, juntos os dois. Outra coisa: traz cigarros 17 para mim e uns maços de Lincoln, ou Elmo ou Astória para darmos a conhecidos.

Uma novidade: sou atualmente um grande comedor de aspargos. Traz o que puderes de fotografias de quadros dos nossos bons pintores, e traz "todos" os folhetos nossos em duplicata pelo menos e uns quantos exemplares do livro do Velho. Fala com o marido da Katarina. E fotos.

Bem, amor, espero encontrar em Roma carta tua. E espero em breve ter-te entre meus braços. Então será bom. Eu te amo,

Jorge

Abrace papai, mamãe, Joelson, Fanny, James, Jacinta etc., beije nosso João P. G.

PS — 2 coisas: Scliar escreveu ao pai dele pedindo que mandasse dinheiro e coisas por você. 2º) Lista de alimentos que deves trazer, organizada pelo Scliar:

LEITE EM PÓ

MANTEIGA

ARROZ

FEIJÃO

AÇÚCAR

FARINHA DE TRIGO

AVEIA

GOIABADA

MARMELADA

BANANADA

OUTROS DOCES

SARDINHAS

CARNE EM CONSERVA
FEIJÃO
FARINHA DE MANDIOCA
CHOCOLATE
CIGARROS
PALMITO (para ti)
E
BEIJOS (para mim)
Jorge

A viagem de meu pai para a Itália tinha como objetivo sua participação na campanha eleitoral. As forças políticas que haviam participado da resistência ao fascismo e à ocupação da Itália pela Alemanha nazista eram divididas em comunistas, católicos, liberais, socialistas, anarquistas e até mesmo alguns monarquistas, e estavam reunidas no Comitê de Libertação Nacional. O referendo de 1946 aboliu a monarquia para a instalação de uma república. Ainda em 1946 foi eleita uma Assembleia Constituinte. A Constituição da nova República Italiana entrou em vigor a 1º de janeiro de 1948, e esta seria a primeira eleição com sufrágio universal da Itália. Disputada, principalmente, pelo Partido Comunista Italiano e pelo Partido Democrata Cristão, e marcada para 18 de abril, essa eleição polarizou a Itália. A Igreja pôs toda a sua força em apoio aos candidatos democratas cristãos, enquanto os comunistas buscavam figuras ilustres, artistas conhecidos, intelectuais, que pudessem ajudar seus candidatos junto ao eleitorado. Foi assim que Jorge Amado, escritor que se tornava conhecido na Europa, foi para a Itália participar da campanha eleitoral.

Sobre essas eleições na Itália e as expectativas da esquerda, minha mãe escreve em *Senhora Dona do Baile*:

> *Nessas eleições, a Democracia Cristã e a Frente Popular — o presidente De Gasperi e a Igreja comandavam os democratas-cristãos; a Frente Popular era constituída por forças de esquerda, os socialistas de Pietro Nenni e os comunistas de Palmiro Togliatti — faziam da*

campanha eleitoral uma briga de foice, na conquista de posições no Parlamento que lhes garantissem a força, o poder para governar o país. Havia um otimismo generalizado entre as camadas de esquerda; achavam que, depois de tanta luta, de tantos anos de fascismo, havia chegado a hora da vitória. Tão grande e tão difundida era essa esperança que, contagiado pelo otimismo, Jorge resolvera mudar-se da França para a Itália. Ele se encontrava viajando por lá, ia me esperar em Gênova.

**Paris
7-4-948**

ZÉ, MEU AMOR, MINHA QUERIDA: amanhã pela manhã parto para a Itália, finalmente. O ato, como verás pelos recortes juntos, é hoje, três vezes adiado antes. Parece que vai ser coisa boa. Peço-te fazeres chegar esses recortes à Katarina se bem eu esteja mandando também por outra via.

Saio amanhã, como já te disse, devendo estar em Roma creio que a dez à noite, não sei bem como farei a viagem de Nice em diante. Saio daqui de ônibus para Nice, penso tomar um trem direto de lá. Mas não demorarei em Roma, andarei os dez dias da campanha eleitoral por todo o país. Devo voltar a Roma para o dia 18.

Espero encontrar na Itália carta tua já com notícias do navio em que vens etc. Estou ansioso. Traz teu passaporte visado pelas embaixadas da Polônia, Iugoslávia e Tchecoeslováquia. Saio da Itália para a Polônia entre 10 e 15 de maio. Devo estar na Polônia antes de 20.

Ao sair daqui dou um balanço do que fiz e fico satisfeito. Só este ato de hoje paga a pena. Além do movimento de imprensa grande, das recepções, houve a campanha por Pablo e pelo Velho. Além disso (e a nossa imprensa poderia dar uma nota sobre), realizei os seguintes negócios de edições: com a editora Gallimard (NRF): *Capitães da Areia* e *São Jorge dos Ilhéus*, além da reedição do *Jubiabá*

(*Bahia de Tous les Saints*). Com a Bibliothèque Française (editora dirigida por Aragon), *Seara Vermelha*, que sairá também em folhetim em *Lettres Françaises*, e com a editora (nossa) Hier et Aujourd'hui, a vida do Velho. Além de que o *Mar Morto* já está no prelo (edições Charlot) e sairá no outono. Como vês, só não coloquei os livros que não quis: os três primeiros romances, cuja tradução não me interessa, o *ABC de Castro Alves* e o guia da Bahia, porque os dois não interessam ao público francês. Daqui assinarei contratos com a Bulgária, a Holanda, a Finlândia, a Polônia e a Tchecoeslováquia (língua eslovaca) para o *Terras*. Começo a ser conhecido em toda a Europa e com bastante êxito. Fora disso acertei toda a viagem aos 7 países: Polônia, Tchecoeslováquia, Iugoslávia, Albânia, Rumânia, Hungria e Bulgária. Estou convidado por todos eles, creio que será muito importante esta viagem para nós.

Cheguei aqui há um mês e pouco e penso que já aprendi bastante. Para mim esta viagem não é um piquenique, é uma viagem realmente de estudos e espero aproveitar o máximo possível. Tenho feito aqui o que é possível mas luto com uma tremenda deficiência de informações daí. Imagina que da Argentina tenho, pelo menos uma vez por semana, uma larga carta de Rodolfo e um enorme envelope de recortes. Mas do Brasil é necessário viver mendigando jornais na Panair e no escritório comercial. Há dias soube dos acontecimentos de São Paulo por um telefonema que me deu um secretário da Legação da Hungria que havia ouvido o rádio. É necessário que o pessoal aí envie recortes, jornais e, de quando em vez, uma carta orientando-me. Principalmente após viajares, pois o pouco que recebi foi o que enviaste. Na imprensa daqui um único telegrama sobre a América Latina, coisa distante e sem importância. A nota sobre o Caio, Milton e Mário que vai junto fui eu quem a deu. Veja se conversas com Maurício ou Mariga[64] ou Amazonas sobre o assunto antes de viajares.

E quando vens com João que creio agora não ser mais piça grande e, sim, piça enorme? Teu chapéu vermelho te espera agora acrescentado de uma espécie de boina bordada que te comprei. E muitas outras coisas te esperam, inclusive eu, cheio de amor e ternura, cheio de paixão por ti.

E os velhos? E o jovem casal Joelson e Fanny? E James e Jacinta? E Lila? Traz tudo que houver de retrato, de todo mundo, para matar as saudades. Sou um velho sentimental, bem o sabes.

Creio que vais gostar da vida daqui. Parece-me simpática, muito diferente daí, mas boa. Muita deficiência (na França) de alimentação, mas vive-se.

Scliar vai comigo amanhã para a Itália e, creio, também para a Polônia em maio. Estou cavando para ele ser convidado, creio que conseguirei. Ainda nesse instante acabam de me telefonar da Embaixada da Tchecoeslováquia querendo saber a data exata em que chegarei lá porque preparam recepções etc. Como faremos com João Netto em meio a tudo isso? Não sei, mas nos arranjaremos.

Já te disse que espero encontrar na Itália carta tua sobre tua viagem, nome do navio, data da partida etc. Traz o que comer, traz o máximo de exemplares de livros meus, folhetos do pessoal, fotos, tudo que for possível. E o rádio, se puderes.

Esses últimos dias aqui têm sido abafadíssimos do que fazer. Não resta tempo para nada.

Vou sem novidades, emagreci pouco (apesar da deficiência de alimentação) mas tenho tido consecutivos ataques de aerofagia que me irritam muito pois me impedem de dormir. O frio voltou há uns 5 dias, está horrível. Hoje é o primeiro dia de sol nesta semana. Quando faz sol Paris é linda, mas nos dias cinzentos de chuva é horrível. Dá uma saudade de matar.

Diga a papai e a mamãe que eles ficariam satisfeitos se vissem como tenho sido bem recebido e tratado aqui. E isso, se por um lado me alegra, por outro me entristece: apenas o Velho, eu, Portinari[65] e Niemeyer (este em certos círculos) somos conhecidos por aqui. O mais, e tanta gente importante, é inteiramente desconhecida, o que é uma pena. Tenho divulgado o mais possível o nome dos nossos líderes, escritores e artistas. Quero ver se consigo colocar os livros de Graciliano.

A Zora parte por estes dias para a Iugoslávia, veio, faz pouco, da Tchecoeslováquia. O Coutinho (amigo de Joelson) vai para a Itália também, Arnaldo Estrela e esposa vão à Polônia e Cláudio Santoro (um compositor, não sei se conheces) vai à Tchecoeslováquia. Soube que a Anna Stella e o marido chegaram da Inglaterra, mas não os vi.

Veja se o Fernando Barros (ou outro amigo) manda-me uma roupa de presente, preciso muito. Traga minhas roupas de brim, traga discos do moleque Caymmi (mandei para este peste um artigo que saiu aqui sobre ele), traga leite em pó para João Netto. Traga pasta de dente, traga uns quatro pacotes de gilete GEM para mim (aqui não há), traga as poesias completas de Castro Alves. Mas mesmo que não tragas nada, venha e traga João. Com vocês me basta. Sou, amor, o teu filho

Jorge

Meu endereço na Itália

Favor de M. Sadovsky

Via Rovigo, 4 — Int. 2

Roma — Itália

Minha mãe embarcou para a Itália que, com a iminente vitória comunista, parecia um país mais acolhedor do que a França. Estava no mar quando as eleições aconteceram mas, no dia seguinte, o navio fazia uma escala em Lisboa. Os esforços da Frente Popular não foram suficientes e as forças de esquerda acabaram derrotadas nas urnas. Em Lisboa, a triste notícia chegou à minha mãe, que conta, em *Senhora Dona do Baile*:

Pipo saíra a andar um pouco, dar uma olhada pelo parque. Voltou aflito, trazendo um jornal. Dera-se conta, pela manchete do matutino, da vitória dos democratas cristãos. Em meio a toda aquela confusão eu me distraíra a ponto de esquecer as eleições que tanto nos interessavam. Li, avidamente, o telegrama; as apurações ainda não estavam concluídas mas a vitória já era garantida. "A IGREJA VENCEU!", dizia a manchete do jornal salazarista.

Com a vitória da Democracia Cristã, a Itália alinhou-se aos Estados Unidos e ingressou na Otan.

O plano de ficarem na Itália ruíra. Ainda em *Senhora Dona do Baile*, minha mãe conta como havia preparado sua bagagem para o desembarque em Gênova:

> *Além das razões ideológicas, eu tinha outras, particulares, para me sentir frustrada com a derrota da Frente Popular italiana. Contáramos, Jorge e eu, com a vitória da esquerda nas eleições, ao elaborar nossos planos. Agora, diante da derrota, as condições mudavam e devíamos, por consequência, tomar novo rumo, uma confusão!*
>
> *Na certeza de montar casa na Itália, eu me precavera, levava bagagem enorme no porão do navio: roupas e pertences, tudo quanto Jorge não pudera carregar, quando partira sem rumo certo, estava agora incluído na minha bagagem. Eu não achara nada de mais levar um caixote repleto de gêneros alimentícios: garantiriam, pelo menos, os primeiros tempos, já que era voz geral a falta de comida na Europa. Jorge me pedira que lhe levasse livros, mandara-me uma lista enorme. Com eles enchera outro caixote. Abastecera-me fartamente de latas de leite em pó e dúzias de latinhas de sopa para João, e levava ainda um bom sortimento de sabão para lavar suas roupinhas. Pensara também no arroz, no feijão, na farinha de mandioca e sobretudo no café, indispensável para Jorge.*
>
> *Vendo-me às voltas com as arrumações, Lalu e seu João se entusiasmaram, resolveram contribuir; apareceram com enorme manta de carne-seca: "Charque de primeira!", elogiou seu João. "Leve para Jorge", disse Lalu, "o pobrezinho deve estar passando fome por lá, com as comidas diferentes..." Fazia um ar de repulsa quando mencionava as comidas diferentes.*

Meu pai estava no porto de Gênova, em companhia de Scliar, esperando minha mãe. Não demoraram muito na Itália, foram para Paris. A partir daí, o número de cartas diminuiu, pois estavam juntos quase todo o tempo mas, eventualmente, o trabalho no Conselho Mundial da Paz obrigava meu pai a fazer alguma viagem que seria penosa para minha mãe com uma criança pequena, eu. Quando fazia essas viagens sozinho, ele escrevia.

Esta primeira carta depois da chegada de minha mãe à Europa é manuscrita, e descreve o voo da Air France que o levou de Paris a Praga para o Congresso Mundial da Paz. Os dois pousos de emergência em Frankfurt mostram a precariedade da aviação comercial do pós-guerra e que o medo que meu pai tinha de avião não era despropositado.

≋

Praga
3/3/949.

ZÉLIA: SÃO 5 HORAS DA TARDE e chego do almoço. Te passei um telegrama assim que cheguei aqui e te havia enviado outro de Frankfurt ontem. Péssima viagem a de ontem. Estamos vivos por milagre. Saímos de Paris às 9 horas e, cerca de meio-dia, a "aeromoça" nos comunicou que íamos descer em Frankfurt porque "havia mau tempo na rota". Descemos. Ao descer, por milagre o avião não choca com outro que partia. Soubemos então que baixamos não pelo mau tempo (o tempo era excelente) mas porque um motor estava falhando e o rádio não funcionava. Ficamos no aeroporto de Frankfurt (zona alemã de ocupação americana) até às 3 horas da tarde quando novamente nos embarcaram, dizendo que já estava consertado.

Meia hora de voo e eis que um passageiro dá um grito: Fogo no motor! E não era no motor consertado e sim, noutro ao lado (o avião era um quadrimotor da Air France). Confusão, o piloto parou esse motor e voltamos. Com mais ou menos 5 minutos de voo de volta um outro motor (o que parara antes) começa novamente a falhar. Aos 10 minutos estávamos reduzidos a 2 motores, ambos do mesmo lado do avião que voava inteiramente de lado, baixíssimo sobre as montanhas que separam a Tchecoslováquia da Alemanha, e com a marcha muito reduzida. Foi uma meia hora dura mas conseguimos aterrissar em Frankfurt outra vez, onde ficamos no aeroporto até às 7:30 da noite quando nos conduziram a uma aldeia vizinha, a um hotel onde comemos e dormimos.

Às 7 horas de hoje nos acordaram, novamente o ônibus e outra vez o aeroporto. Às 11 e tanto chegou outro avião de Paris e às 12 horas e meia partimos para Praga, onde chegamos 2 e meia. Uma hora depois estávamos na cidade (Hotel Flora, veja o endereço em cima) e às 4 nos levaram a comer, almoço do qual estou voltando. Ainda não vi Kuchvalek,[66] mas ele já me falou por telefone, vai vir às 7 horas.

2 dias perdidos. Amanhã começa o Congresso. Penso poder voltar na próxima terça-feira. Estou cansadíssimo.

Tenho saudades de ti e do Bandido Querido.

As bananas viraram creme nessas atrapalhações. No tal avião, além de Mike Gold[67] vinha também Fadéiev.[68]

Bem, Zé, vou terminar por aqui. Te escreverei mais comprido depois. Vou ver se tomo um banho quente antes de jantar.

Todo o carinho e toda a saudade do
Jorge

Como todas as cartas manuscritas, esta também é curta. Trata das dificuldades econômicas por que passava apesar das edições em tcheco e em eslovaco dos romances Terras do Sem-Fim e Mar Morto.

**Praga,
6/3/949.**

ZÉ, ACORDEI MUITO CEDO HOJE (domingo pela manhã) e estou vendo a neve cair sobre Praga. Hoje é o último dia do Congresso, uma boa experiência teórica. Foi bom eu ter vindo. Falei ontem, o meu discurso foi muito aplaudido. Tu o lerás quando eu chegar.

Amanhã e depois há programas de passeios, concertos etc., mas penso em não tomar parte porque quero nesses dois dias ver se resolvo todos os meus assuntos: vistos, dinheiro etc. É muita coisa, ainda não sei se conseguirei a transferência do dinheiro para Suíça, hoje vou conversar sobre isso. Tampouco ainda recebi da Maj.

O *Terras* já saiu aqui e em Bratislava e a edição para público de *Mar Morto* já está esgotada, vão tirar outra de dez mil. Penso que estarei viajando para aí na quarta-feira ou direto ou pela Suíça. Se conseguir visa austríaco irei de trem.

Beije o Bandido por mim, abraços para todo mundo, recorda-me a Misette[69] e lembra-te um pouco desse teu velho e chato companheiro que sente muitas saudades de ti.

Com todo carinho e amor
Jorge

Três semanas mais tarde, depois da volta à França, viaja a Lyon, de onde manda um cartão para Zélia, e segue para Villefranche-sur-mer, de onde envia outro para João, este último endereçado a M. João Piça Grande Amado.* Com um novo romance amadurecendo, meu pai vai em busca de um lugar tranquilo onde trabalhar. Não era possível conciliar as atividades políticas que exercia com a disciplina que se impunha para escrever, mesmo quando se tratava de escrever um romance político, nesse caso, *Os Subterrâneos da Liberdade*. Villefranche-sur-mer em 1949 não passava de um pequeno povoado, à beira-mar, entre Nice e Mônaco, sem muito que o distraísse e afastasse do trabalho.

Villefranche-sur-mer, 25-3-49.

zé: aqui cheguei ontem à noite. Cheguei a Nice seis e meia da tarde e às 7 tomei o ônibus para aqui, tinham no caminho me recomendado esse lugar. Cheguei esfalfado de viagem e me meti no primeiro hotel que encontrei. Só hoje pela manhã procurei um hotel
....

* Os cartões-postais, assinalados com asterisco, estão reproduzidos no encarte colorido.

com comida, onde estou (Hotel Brasserie), e hoje mesmo penso, à tarde, começar a trabalhar. Por isso só te telegrafei hoje. O lugar é lindíssimo (penso na primavera fazer contigo um recorrido em toda essa costa, é uma beleza), mas os preços são bem mais altos que imaginei. Minha decisão é começar a trabalhar hoje mesmo no romance. Tenho algumas ideias, vamos ver se voltarei com algo feito.

Junto um recorte (um artigo do Abbé Boulier,[70] tirado de um jornal de Nice) para ser enviado para a Inter-Press.

Não esqueça de dizer a Varela,[71] quando ele chegar, que o Rodolfo Ghioldi mandou dizer pra ele ficar para o Congresso da Paz.

Mandei, do caminho, cartões para ti, para Misette e para Mme. Salvage. Sabes se chegaram?

Como vai o Bandido? Conta-me dele quando escreveres.

E as massagens? Já começaste? Manda-me dizer.

Dá meu endereço ao Paulo por se acaso houver alguma coisa *absolutamente urgente* que exija me incomodarem aqui (única possibilidade que tenho de tentar escrever esse começo de romance). Diga a Scliar para falar com Kuchvalek sobre o negócio do meu dinheiro da Maj, se por acaso a ordem não chegar até o nosso ilustre pintor viajar. Ainda estou um bocado cansado da viagem. Mas hoje dormi até 11 horas e penso que poderei começar a enfrentar o romance essa mesma tarde. No ônibus (que viagem cansativa!) pensei uma frase para começar: "Aquele fora um mês de más notícias". Mas não sei o que se seguirá.

Tenho saudades tuas, muitas e muitas. Muitas e muitas do Bandido também. Abrace o pessoal: Castiel,[72] Scliar, Henda,[73] Paulo, Misette, Rosinha[74] etc. E pensa em teu filho mais velho metido num novo romance (esse negócio de escrever romances é um bocado difícil, podes crer) com carinho. Com o amor e a saudade do teu

Jorge

Três dias depois, nova carta mostra meu pai dividido entre escrever seu romance ou voltar para Paris, onde havia muito trabalho político à sua espera. De qualquer forma, sua presença era requisitada para a organização do primeiro Congresso Mundial da Paz na Salle Pleyel, em

Paris, em abril. Participariam do congresso personalidades de todo o mundo, como Frédéric Joliot-Curie, Ehrenburg, Aragon, Fadéiev, e do Brasil, como Mário Schenberg e Caio Prado Jr. Nesse Congresso, foi eleito o Conselho Mundial da Paz, e entre os membros do bureau executivo desse Conselho estava Jorge Amado. O Conselho Mundial da Paz teria sede em Praga. Com as dificuldades que estava encontrando nas primeiras cenas do livro, tinha que decidir entre voltar imediatamente a Paris ou escrever as cenas iniciais do livro antes de seguir para o Congresso. Conseguindo fazer essas cenas, interromperia o trabalho para ir a Paris e, terminado o Congresso, voltaria ao sul da França para continuar a escrever seu romance com tranquilidade.

Villefranche-sur-mer, 28-3-49.

ZÉ: ACABO DE RECEBER TUA CARTA, fiquei contente com as tuas notícias e do Bandido. Sinto todos os dias vontade de voltar para estar com vocês dois e estive entre sábado e ontem pela manhã quase para voltar meio desesperado de não escrever nada que prestasse.

A verdade é que comecei a trabalhar sexta-feira à tarde. Mas ainda estava muito fatigado, por um lado, e muito tentado a marchar sem destino por esta vila tão bonita, por outro lado, que quase nada fiz. À noite escrevi como sete páginas, na descrição de um personagem (um deputado em 1937), mas no outro dia pela manhã achei tudo muito ruim. O problema de como começar o livro persistia: que elemento de ligação podia eu encontrar para, através dele, apresentar personagens e ambientes?

Decidi-me a passar todo o sábado trabalhando, mesmo que fosse apenas para voltar a habituar-me à máquina. E assim fiz. Gastei muito papel em diversos começos, tudo muito ruim. Desesperei e pensei em voltar embora ontem, chateado de tudo, achando que estava perdendo tempo, que não tinha o direito de estar aqui, quebrando a cabeça em cima de um começo de livro quando há tanto trabalho aí a fazer.

Mas ontem andei por esta costa de mar quase toda a manhã. Voltei com uma ideia na cabeça, não muito tentadora, pois não muito original: começar com uma recepção grã-fina em casa de uma dona chamada Marieta do Vale (reminiscência de Mariana do Vale), às vésperas do 10 de novembro, pelo fim de outubro de 1937.

E comecei ontem à tarde a trabalhar. A coisa começou a andar e à noite dei um balanço no trabalho feito, 17 folhas, onde constatei que a primeira cena estava boa mas as duas seguintes estavam apressadas. Resolvi continuar nesse caminho hoje, aproveitando a primeira cena e refazendo as duas seguintes. Talvez a coisa marche e eu possa chegar aí com o livro começado. De qualquer maneira penso voltar no fim desta semana, com o começo ou sem nada e, nesse caso, não pensarei em livro tão cedo. Mas estou com esperança nessa recepção. Penso marcar nela algumas figuras: o deputado Paulo Carneiro Macedo da Rocha, dona Marieta do Vale, a comendadora da Torre, o poeta César Guilherme Shopel (podes reconhecer alguns conhecidos nossos) e outros.

Fala-se muito nesse capítulo em Artur, filho de Paulo, jovem diplomata que acaba de fazer um escândalo em Bogotá, onde tomou um porre etc. (elemento para ligar a acontecimentos anos depois quando do caso Bina). Quando eu tiver 80 folhas viajo de volta ou, se nesses próximos não fizer nada. Mas, em terminando esta carta, volto ao trabalho, estou com interesse.

Aqui é uma beleza. Penso no seguinte: caso o romance marche logo, logo depois do congresso te pego e voltamos para aqui para eu continuar a escrever. Ou para aqui ou para outra vila por aqui (aqui é um pouco caro), tu hás de gostar muito. Para mim é o outro extremo de Paris: não conheço ninguém, as únicas pessoas com quem converso são os donos do hotel, marido e mulher, muito gentis.

Como no próprio hotel que fica na parte alta da vila, na montanha. Desço todos os dias até o porto, compro jornais e cigarros, ando um bocado pela beira do mar sob esse sol magnífico. Retorno ao hotel e à máquina. Quando me canso leio o *Dom Quixote*. Ontem perdi algum tempo assistindo uma partida de futebol entre a equipe inglesa de um barco de guerra que está no porto e franceses. Péssimos jogadores uns e outros. Ganharam os franceses por 3 a 2. O campo é em frente ao hotel.

Ótimo para minha saúde. Em Paris não estava me sentindo nada bem de saúde. Tinha muitas dores musculares, a humidade e o *chauffage* me faziam muito mal. Aqui sinto-me outro.

Uma coisa: o carteiro, ao me entregar tua carta, fez-me notar que o nome do hotel não é Brasserie e, sim, "L'Amirauté". É que na fachada está escrito "Hotel Brasserie" e, no outro lado, o nome. Eu pensei que Brasserie fosse o nome quando é apenas um título (dificuldades de um mau conhecimento do francês).

Scliar: é difícil ele poder dispor de dinheiro meu lá, pois atualmente essa coisa lá está muito atrapalhada, ademais eu não tenho dinheiro lá disponível no momento, com a vinda do que me anuncias em tua carta. O que eu devia ter feito (e tanto eu quanto Scliar nos esquecemos) era ter entregue a ele mil e tantas coroas que tenho comigo aqui. Mas se ele necessitar de algum dinheiro urgente (só num caso urgente, bem entendido) ele pode tomar a Kuchvalek, depois ele me pagará em francos e eu pagarei em coroas a Kuchvalek na primavera. Desde, naturalmente, que não seja muito dinheiro. Kuchvalek igualmente pode levá-lo à Svoboda. Quanto ao endereço de Ivens é o seguinte: Praha VII — Baderuho, 4 — telefone 768-04.

E Varela? Vai ficar aí ou não para o Congresso?

Bem, Zé, vou ficar por aqui nesse enorme relatório. Fico ao par da tua massagem e guarda tua *agitação* para quando eu chegar. Quanto a mim estou calmo nesse particular, creio que é a velhice.

Vou trabalhar um pouco, ver se esse romance marcha ou não. O pior é que não tenho simpatia pela gente sobre a qual estou escrevendo no momento e sinto impaciência de chegar aos negros e pobres, trabalhadores e camponeses que esses são, em verdade, os personagens que amo, a gente com que sei viver e trabalhar. Abrace

Misette, todos os amigos, beije muito o Bandido (sinto falta dele todos os momentos) e beije o teu, muito teu

Jorge

PS — Mande umas laranjas (ou bananas) para o Kuchvalek pelo Scliar.

PS 2 — Vou arriscar 500 coroas (diga a Scliar que são 2500 francos ao câmbio) nessa carta, para entregares a Scliar. Não arrisco as mil outras que tenho pois não sei se chegam.

Saudades

Jorge

Dois dias depois, uma nova carta. Havia conseguido se desligar dos problemas do dia a dia, das atividades políticas e da organização do Congresso e se concentrar somente no romance. As dificuldades para pôr de pé o novo livro eram muitas e são descritas na carta.

Villefranche,
30 março 49.

ZÉ: A CHEGADA DA TUA CARTA me leva a fazer um descanso no trabalho que hoje comecei cedo (devo te dizer que ontem recomecei tudo, de novo, deixando de lado o já escrito pois a coisa não estava marchando como eu desejava, se alongava em cenas inúteis sem conseguir marcar o ambiente. Comecei de novo — aproveitando a primeira cena — dentro do mesmo plano da recepção. Mas essa gente que quero marcar nesse primeiro capítulo: o deputado Artur Carneiro Macedo da Rocha, Marieta do Vale, o marido Pereira do Vale, o poeta César Guilherme Shopel e a comendadora da Torre estão meio rebeldes, dando-me mais trabalho do que eu esperava, não que não consiga pô-los de pé. Isso consigo, ainda não perdi minha *classe*. O que não consigo dar é o *clima* de boataria e inquietação que precedeu o golpe de 37 e é esse o meu fim no capítulo. Desespero-me toda a vez que recomeço mas é necessário ter paciência. De qualquer maneira considero positiva a minha fugida daí pois pude botar — a partir do terceiro dia — a minha cabeça exclusivamente no romance, deixando tudo para trás: organismo, congresso, todas as pequenas e grandes preocupações diárias. Ainda estava preocupado com dinheiro mas a tua notícia de que chegara a ordem tcheca me aquietou e pude de todo pensar no livro. Personagens estão maduras, sei o que quero, mas ainda estou me ressentindo do muito tempo que passei longe de literatura, de um trabalho literário diário, necessário ao escritor. Espero que isso marque a minha volta a esse trabalho diário, mesmo quando não esteja escrevendo livro. Penso levar daqui o primeiro capítulo, assim ainda o espero. E, antes de tudo, a certeza de que chegando aí vou continuar o trabalho, sem parar). Eta parêntesis enorme.

Mandei um cartão a Misette anteontem para que chegasse no dia do aniversário dela. Mas creio que chegou adiantado. Dê-lhe os meus parabéns.

Creio que fazes bem em dar a festinha a Misette. Ela merece.

Não creio que eu demore muito por aqui. Além de que é caro (o dinheiro também está encurtando e sinto fome todo o dia — como como um animal) sinto muita falta de ti e de Bandido. Se vocês dois estivessem aqui creio que demoraria muito pois o clima é ótimo e o sol magnífico. Mas, em compensação, creio que não trabalharia, quereria andar por essa costa e esses montes. A minha vantagem aqui é não conhecer ninguém, assim, por mais que deseje restar ao sol, me chateio e volto à máquina.

Penso retornar no fim da semana, por aí assim. Te avisarei. Amanhã vou a Nice tomar um banho decente (o banho aqui é ultradifícil e horrível) e saber a melhor maneira de regressar (pois, se puder, não voltarei de ônibus, a viagem é terrivelmente cansativa). Te avisarei.

Fico a par das aventuras sentimentais de Jacques e das da Indú. Li aqui, num jornal daí (creio que *Lettres Françaises*) que o marido dela estava aí e ia assinar livros numa livraria. (Sim, acabo de constatar: *Lettres Françaises*, nº 252 de 24 de março, 3ª página na coluna "Les propos de la Ganipote", rubrica "Aimez-vous les autografes?", primeira notícia. Faça a constatação.)

Amanhã em Nice buscarei um brinquedo para João e uma lembrança para ti.

Bem, vou ver se o correio ainda está aberto (fecha meio-dia e só abre, depois, às 3 horas), depois vou comer que estou com fome e depois voltarei a essa dona Marieta do Vale, senhora um pouco chata e que, idosa já de quarenta e cinco anos, está apaixonada pelo filho do ex-noivo, um jovem imbecil diplomata que acaba de dar um escândalo em Bogotá. Gente cretina e idiota, mas que fazer?

Beije João, abrace Misette por mim (levarei comigo o meu presente de aniversário), eu te escreverei quando voltar amanhã de Nice para dizer quando vou. Muitos e muitos beijos (essa noite, pela primeira vez, tive um sonho fecundo e fecundei os lençóis).

Jorge

Se necessitares de dinheiro tome a Paulo.

No dia seguinte foi a Mônaco conhecer Monte Carlo, que fica a 15 km de Villefranche-sur-mer, e de lá mandou um cartão-postal.* Logo que chega a Paris, meu pai compra flores para Zélia e manda entregá-las acompanhadas do cartão:

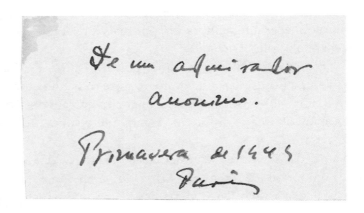

Mais uma carta manuscrita e, portanto, curta. A ida antecipada a Praga (na carta, Praha, como em tcheco) para o Congresso da Paz permitiu tratar dos vistos e convites para os amigos que estavam em Paris.

**Praha,
24/5/949**

ZÉ: MUITAS SAUDADES PARA TI E JOÃOZINHO.

Cheguei no sábado, excelente viagem. Domingo andei programando com Guillén, Caio, Helena — Lidice,[75] Karslaub, bosques etc. —, ontem comecei a pôr em marcha os assuntos da viagem. Confirmo o que te disse hoje por telefone: 1) hoje foi telefonada daqui à Embaixada a ordem para o visa — 3 meses — da Misette. Deves falar com Fleschman por telefone. Caso ainda haja alguma dificuldade (não creio) fala, no sábado pela manhã, com o sr. Dtrina, que viaja para aí na próxima 6ª feira e que está a par do assunto. — 2) A questão do envio do dinheiro está marchando já, espero que até a próxima 2ª feira o recebas. Na Maj calcularam hoje uma semana para todo o assunto. — 3) O convite para ti foi hoje para Paris. Fales disso também a Fleschman. Será bom que ele venha contigo. — 4) As capas do Scliar fizeram sucesso. — 5) O Kuchvalek pede-te que tragas contigo o seguinte livro:

MARCEL COHEN
"LINGUISTIQUE ET MATERIALISME DIALETIQUE"
EDITOR: OPHRYS — PARIS — 1949

Peço que o tragas, assim como qualquer coisa para Macalowa, pois já lhe anunciei o corte de fazenda. — 6) Veja se Scliar tem um exemplar de *Marajó*, de Dalcídio Jurandir, e traz contigo, há possibilidade de editá-lo aqui. — 7) Amanhã vou às embaixadas da Rumânia e Hungria acertar nossa viagem e vou à União dos Escritores para tratar da estadia de Misette em Dobris.

Estou contente de estar aqui — apesar da falta de ti e do Bandido — pois descanso. A cidade está linda com os preparativos do Congresso que começa amanhã.

Abrace o amigo Diogo e diga-lhe que venha. Sinval e Saldanha antes de embarcarem devem telefonar ao Kuchvalek avisando o dia e o meio de condução em que chegam. Convite para eles é impossível mas terão as facilidades de convidados, apenas pagarão hotel e comida. Porém Diogo seria convidado de honra!

Bem, negrinha, fico por aqui, é hora de jantar. Logo que tenha qualquer coisa mais certa sobre o envio do dinheiro te telefonarei. Abraça todo mundo e beija teu companheiro que te ama muito
Jorge
Caio viaja amanhã para Polônia.

Três dias mais tarde manda um bilhete.

**Praha,
27/5/949**

ZÉ, AMOR: CADA VEZ CORRO MAIS, envio-te junto um bilhete e cópia do discurso do nosso amigo para entregares a Paulo.

Beijos para o Bandido e para ti do
Jorge

Eulália Dalila Jorge Amado, a Lila, era a minha irmã mais velha. Filha de meu pai de seu primeiro casamento, com Matilde, e que ficara no Brasil, recebera o nome de suas duas avós, Eulália, mãe de meu pai, e Dalila, mãe de Matilde. A esses nomes, meu pai acrescentou o Jorge Amado, como fez posteriormente comigo e com Paloma. Lila também lhe escrevia, contava as novidades do Brasil. Esta carta, de adolescen-

te, foi a última que meu pai recebeu, pois pouco depois Lila morreu. Esta carta reacendeu as desconfianças de minha mãe em relação a Anna Stella Schic. Estaria tentando se aproximar de Lila para chegar a meu pai? Por que se insinuava junto à menina?

BRASIL
Rio, 25-7-49, segunda-feira.

PAPAI: COMO VAIS? Espero que como sempre bom, não? Eu vou bem. Tanto de férias como de saúde. De férias, tenho passeado muito, e de saúde, quanto ao rosto, eu vou indo. Outro dia, fui ao concerto de Anna Stella Schic, no Municipal. Ela me disse que esteve no Congresso, e que te falou, é verdade? Recebi o convite para outro concerto que ela vai dar. Eu quero ir. Tenho recebido seus postais. Ótimo. Seu aniversário está perto. Parabéns. E eu que vou fazer 15 anos?

Aqui não há novidades. Tudo velho. Dia 22, sexta-feira, eu fui ao concerto dado por Anna Stella Schic na Escola Nacional de Música, por ocasião da Festa Nacional da Polônia. O embaixador da Polônia e senhora mandou-me o convite. No fim do concerto falei com a Anna Stella. Ela vai ficar uns 7 dias ainda aqui. Gostei imensamente.

Nessas férias eu tinha feito o projeto de ir à Bahia. Porém não foi possível, e ficou para o fim do ano. Eu ia de navio, pois há muitos anos que não viajo de navio; seria infernal.

Recebi o postal de Sófia. Lindo. Sabe que já tenho 51 postais? Meu álbum está infernal.

O frio aqui está daqueles. O jornal disse que vem uma onda de frio e que chegará a 11 (onze) graus. E aí, agora é verão?

Ah, ia me esquecendo: no concerto da Anna, eu vi Ivan Martins, Barbosa de Mello ou Melo, e Moacir Bernello de Castro ou algo parecido. Falei, quero dizer, cumprimentei-os. Convidei-a (Anna Stella) para vir comer comigo uma comida baiana. Ela virá esta semana.

Estou esperando a carta longa!

Hotel Ambassador
národní podnik
TELEFONY 296-41/5, 340-53
KANCELÁŘ 264-06

PRAHA II, 24/5/949.

Zé: muitas saudades para ti e Zezinho. Domingo cheguei no sabado, excelente viagem. Helena andei programando com Guillen, Caio, Helena — Lidice, Karlsbad, bosques etc —, ontem começei a por em marcha os assuntos da viagem. Confirmo o que te disse hoje e por telefone: 1) hoje foi telefonada daqui à embaixada a ordem para o visa — 3 mezes — de Mi'sette. Deves falar com Fleschmann por telefone. Caso ainda haja alguma dificuldade (não acho) fala, no sabado pela manhã, com o sr. Otrina, que viaja para ai na proxima 5ª feira e que está a par do assunto. — 2) A questão do envio do dinheiro está marchando já, espero que até a proxima 2ª feira a recebas. Na Maj calcularam hoje uma semana para todo o assunto. — 3) O convite para tia foi hoje para Paris. Fala disso tambem a Fleschman. Será bom que ela venha contigo. — 4) As capas do Seitão fizeram sucesso. — 5) O Kurhvalek pede-te que tragas contigo o seguinte livro:

MARCEL COHEN
"LINGUISTIQUE ET MATERIALISME DIALETIQUE"
EDITOR: OPHRYS — PARIS — 1949.

Peço que o traças, assim como qualquer coisa para Macaloua, pois já lhe anunciei o corte de fazenda. — 6) Veja se Selvar tem um exemplar de "MARAJÓ", de Dalcídio Jurandyr, e traz contigo, há possibilidade de editá-lo aqui 7) Amanhã vou ás embaixadas de Rumania e Hungria aceitar nessa viagem e vou à Baixei dos Efenzones para tratar da estadia de Musette em Dobris.

Estou contente de estar aqui — apesar da falta de ti e do Bandido — pois descanço. A cidade está linda com os preparativos do Congresso que começa amanhã. Abraça o amigo Diog. e diga-lhe que venha. Simval e Saldanha antes de embarcarem devem telegrafar ao Huch Valek avisando o dia e o meio de condução em que chegam. Convite para ele é impossível mas terá as facilidades de convidados, apenas pagarão hotel e comida. Porém Diog. será convidado de honra! Bem, negoinho, fico por aqui, é hora de jantar. Logo que tenha qualquer coisa mais certa sobre o envio do dinheiro te telefonarei. Abraça todo mundo e beija teu companheiro que te ama muito
Cai vou/a amanhã para Polonia.

Fui ver *Terra violenta*. E sabe do mais? Gostei imensamente. Todos trabalham bem, principalmente a Heloísa Helena que faz o papel de "Nancy", a "Gatinha". E o filme foi impróprio até 14 anos. A briga, a morte do fazendeiro, o incêndio do cartório, a festa com banda de música e as crianças foram bem-feitos. Principalmente quando os capangas do coronel chegam e arrasam a festa. E a macumba? O negro trabalhou muito bem, fazendo as caretas. Ela, a Irene, é um amor. E ele, Carlos também. No fim não, ele está horrível. E ela também. As fotografias da Bahia e de Ilhéus estão formidáveis e lindas.

Eu só tenho uma semana de férias. Dia 1º entrarei em aulas. Mande dizer se tem recebido minhas cartas. Nunca se refere a este assunto. E que tal a viagem?

Fui ver o filme do novo Tarzan. Gostei muito. E ele é muito infernal. E mais uma vez está encerrada a seção. Tudo velho e usado.

Abraços e lembranças saudosas de
Lila

É favor me avisar quando estiver de volta ao Brasil, pois preciso fazer-lhe umas encomendas. Não se assuste, não vou levá-lo à falência por causa das encomendas não! Continue a me escrever sempre.

Entre 16 e 19 de março de 1950, em Estocolmo, onde foi para o Congresso Mundial da Paz, escreveu uma carta e quatro cartões.*

Estocolmo,
17/3/950

ZÉLIA: TE ESCREVO ESSE BILHETE antes de ir para a sessão.

Vou sem novidades: muito trabalho, a cidade bonita mas chata, néris de dinheiro (o indispensável para comer — comida cara, mas estou fazendo economia para ver se compro teus chinelos), o Mota Lima está aqui, irá a Praga e Varsóvia.

Muitas saudades de ti e de João. Sinto falta de vocês, tanta que não podes imaginar.

Estou num hotel chamado Regina. A gente daqui é calma, limpa e formal. Não me apaixona. Penso voltar no dia 21, terça-feira próxima. Vou ver se marco a passagem hoje.

Beijos para ti e João, infinitos
Saudades
Jorge

Outra fonte de notícias do Brasil eram as cartas de minha avó Angelina,[76] mãe de minha mãe. Sobre esta carta de dona Angelina, minha mãe se refere em *Um Chapéu para Viagem:*

Carta substanciosa, como costumavam ser as cartas de minha mãe, aquela chegava a deformar o envelope. Subscritada por José Soares, meu cunhado — reconheci a letra —, mas a carta era mesmo de dona Angelina. Seis páginas grandes, escritas de ambos os lados, um verdadeiro diário, dando notícias da família e relatando fatos diversos com todos os detalhes [...] Mamãe lia corretamente mas escrevia mal, não sabia por onde andava a ortografia, nem a pontuação, nem os parágrafos; tinha porém estilo próprio, suas cartas rendiam. Escrever exigia-lhe enorme esforço, pois fazia questão de contar tudo, sem esquecer detalhe; cada página custava-lhe muita concentração e mil borrões antes de chegar à redação final. Pedia-me sempre que não mostrasse suas garatujas a ninguém, envergonhada, temerosa de que caçoassem dela.

27-5-50

QUERIDA ZÉLIA SABENDO QUE VOCÊ QUER RECEBER de mim algumas mal notadas linhas aproveito hoje que estou aqui na General Osório com Vera,[77] já passa de 2 meses que não recebemos suas notícias e estamos preocupadas. Vera e Déa[78] já te escreveram há muito tempo, mas de resposta néris, mas espero que não tenha nada de mal. Por aqui todos bons, Luiz cada vez mais reforçado, também pudera com todas as receitas deliciosas preparadas pela Vera e se não basta, também as de dona Antonieta Alemã entre as tais temos o Jibzum que é soprassata e mais um tempero páprica, ainda hoje nos mandou um bom pedaço para experimentar e diz ela ite ite páprica páprica muito boa, e nós rimos muito. No dia 5 de junho do corrente ela embarcará para Alemanha e Viena (Klingenfurt). Vera ainda está esperando a casa e Paulo[79] estufando de correr funções, mas o benedito ao que parece está adotando o samba-canção do último carnaval (daqui não saio e daqui ninguém me tira) e enquanto isso aqui se passa bem. Paulo também quando há oportunidade almoça muitas vezes aqui. Em maio 14 é festejado o dia das mães aqui, e eu estava aqui quando Luiz veio da Escola todo triunfante e alegre e apressado chamou pela Vera que não estava, Tica Tica, e com uma cartinha na mão disse Voca Voca olhe a cartinha que escrevi, é para minha mãe, e ainda não satisfeito foi arrancar do caderno de Fabio mais uma folha e escreveu mais, e essa vez sem ninguém ditar uma palavra. Zélia peço não ficares sentida comigo por não te escrever, mas creia que não paro um instante de pensar em vocês e também faço pressão para que os outros escrevam, e vivo curtindo saudades especialmente do querido netinho Jonjoge que está um amor. Lila. Leda[80] já está com 18 meses e fala tudo está uma gracinha, Clarice[81] está por dias para nos presentear com outro. Na Páscoa estávamos na casa de Emília em Santos, e contemplando a praia senti imensa saudade daqueles dias felizes que passamos juntos, sonhei que vocês tinham voltado de surpresa. Gostamos dos versos que te dedicou Jorge e me consola em saber-te amada e estimada. Zélia queria saber como vão dona Eulália e sr. João e se Fanny já tem bebê. Zélia a planta de celofom do seu sítio fez sucesso deu muda à beça e maravilhosas, a tia Margarida e primos todos mandam lembranças. Mauro já é pai dum bebê com nome Ivano. Zélia a última carta que Vera te enviou tinha a fotografia de Luiz, Fábio[82] e Patoto, e

por isso estranho de você não nos escrever. E com essa um grande abraço a vocês e muitos beijos a Jon Joge de nós
   Sua mãe

Junto a essa carta estava o bilhete, escrito por Luiz Carlos, ao qual minha avó Angelina se refere.

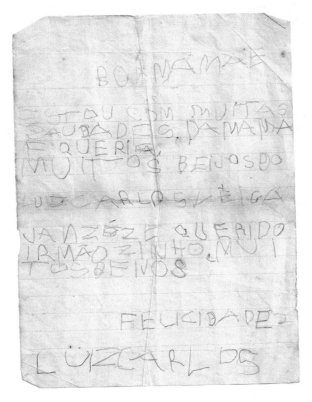

BOA MAMÃE
ESTOU COM MUITAS SAUDADES DA MAMÃE QUERIDA.
MUITOS BEIJOS DO LUIZ CARLOS VEIGA.
JAN ZÓZE QUERIDO IRMÃOZINHO, MUITOS BEIJOS
FELICIDADES
LUIZ CARLOS

Em junho de 1950 Jorge Amado foi à Polônia participar do Congresso Mundial de Escritores e Artistas pela Paz. De lá, mandou um cartão.* Outra fonte de notícias do Brasil era meu avô João Amado que, como fazendeiro de cacau, era conhecido por Coronel. Mandava notícias que ninguém mais podia dar. Claro que Jorge Amado podia saber das eleições e da vitória de Getúlio por várias outras pessoas, mas como saber do papagaio, dos cachorros, dos livros e dos quadros se não fosse meu avô? No final da carta do coronel João Amado, havia algumas linhas de Lalu.

JORGE SUA SAÚDE ETC.

Temos recebido cartas de Zélia depois da morte da Lila não mais escrevi tenho tido notícias de Jorge pelo rádio, e pelo jornal. Vivemos todos sofrendo as angústias das saudades felizmente todos com saúde. Eulália é que vez em quando tem alguma alteração da bronquite mas sem grande importância. James e Jacinta e Jana estão na fazenda todos com saúde quero e estou providenciando para a vinda de James e família para aqui. Jana já precisa de jardim de infância. Realizaram-se as eleições em 3 deste mês para os governos e Câmaras, tudo correu em paz.

O dr. Sinval Palmeira seguiu ontem para Europa e chegará até aí. Mandei Amadinho falar com ele para levar para vocês alguma cousa ao menos 2 quilos de café moído, ele me mandou que não podia levar pois já está com grande bagagem, logo que consiga portador certo lhe mandarei o que o portador puder levar; tenho ido ao sítio. A Maria lá está com o marido tomando conta, isto é zelando as casas porque das plantações nada resta porque foi estragada pelas formigas. A Maria presta bons serviços porque tem cuidado com os livros que estão lá os quadros estão com nós no apartamento, a não ser alguns muito estragados se não tivesse Maria tinha que pagar uma pessoa para tomar conta somente olhar; fiz o loteamento mas não fiz venda alguma; o Papagaio está bom fala sempre em dr. Jorge e Zélia, Maria trata dele.

Com a vitória de Getúlio tenho esperança de que melhore as cousas por aqui e assim teremos o prazer de tê-los junto a nós. O Joelson e Fanny e André estão bons o André não nega ser da família Amado, ainda mesmo contrariando a mãe: temos recebido os retratos do João Jorge que também não nega ser da família. As saudades nossas são tão extraordinárias, porém me consola, pelas notícias tenho a vida continua cara aqui. Aqui em Copacabana a valorização dos apartamentos é enorme.

Os cachorros estão bons também; soube o livro de Jorge. Não sabemos se saiu ou não nem sabemos qual a editora que vai editar sei que há procura de todos os livros dele, também que Martins ia editar a *Terras do Sem-Fim* nova edição, há muito interesse pelos livros de Jorge.

Sem mais abraços beijos de Eulália para os 3 e os abraços saudosos do pai amº certo

João Amado Farias

11-10-950

QUERIDOS FILHOS
Jorge e Zélia e João Neto,
Abraços e beijos da mãe que não os esquece,
Eulália
PS — Juracy Magalhães foi derrotado na Bahia foi eleito Félix Pacheco.

Bilhete mandado de Praga. É eminente a viagem para a Polônia. Jorge Amado precisava trabalhar na preparação do Segundo Congresso Mundial da Paz.

**Praha,
11 de nov. 1950**

ZÉ: SAUDADES

Aproveito Polevoi[83] para te enviar esse bilhete. Talvez mesmo antes de recebê-lo já saibas das novidades. Talvez eu viaje daqui, não sei ainda, para adiante, para a preparação.

Esse bilhete escrito às pressas — após uma sessão que durou das 8 da noite às 7:30 da manhã — é só para te dizer o seguinte: trata do caso com o Jatyr[84] e só volte após haver contigo meu presente.

Quanto à tua ida — podes ou seguir com os demais delegados diretamente ou voltar aqui, como a ti e aos outros aí parecer melhor.

Morto de sono te beijo
Teu
Jorge
PS — Se tiver tempo irei hoje ver João.

O Segundo Congresso Mundial da Paz, que estava programado para realizar-se na Inglaterra em novembro de 1950, teve que ser transferido para Varsóvia, na Polônia. Com o incremento da Guerra Fria, por pressão norte-americana, as numerosas delegações, inclusive do Brasil, que compareceriam estavam tendo dificuldades para conseguir vistos ingleses e isso levou à mudança do local do evento, em cima da hora. Meu pai então foi novamente à Polônia para o trabalho de preparação do Congresso.

**Praga,
13-11-1950**

ZÉ: DEIXO NO CLUB NACIONAL outro bilhete para ti: Kuchvalek te dará o dinheiro que necessites se vens por Praga.

ČESKOSLOVENSKÉ HOTELY
NÁRODNÍ PODNIK

**HOTEL ALCRON
PRAHA**
TELEF. 262-40-49 INTERURB. 262-48-9
TELEGR: ALCRONOTEL
200 APARTEMENS-GARAGE

Praha, 11 de Nov. 1950

Zé:

Aproveito Polevoi para te enviar esse bilhete. Talvez mesmo antes de recebê-lo já saibas das novidades. Talvez eu viaje depois, não sei ainda, para adiante, para a preparação.

Esse bilhete escrito às pressas — após uma sessão que durou das 8 da noite às 7,30 da manhã — é só para te dizer o seguinte: trata do caso com o Jatyr e só volte após haver contigo meu presente. Quanto à tua ida — podes ou seguir com os demais delegados diretamente ou voltar aqui, como a ti e aos outros aí parecer melhor.

Mostra a todos, te abraço
Teu

P.S. — se tiver tempo irei hoje ver João.

Espero-te em Varsóvia, para onde sigo por avião, neste momento, pelo bureau de preparação.

Muitas, muitas saudades minha filhinha,

Um beijo do teu

Jorge

PS — João estava ontem muito bem.

Nova carta de dona Angelina, quase um bilhete com notícias do próximo casamento de Déa, minha prima, filha de tia Wanda.

6-3-951

QUERIDA ZÉLIA

Espero que a esta hora já estejas tranquilizada com as cartas que te mandaram Vera e Déa e tenhas abrandado o sentimento de não receber resposta nossa com brevidade e estás com toda a razão porque você tem sido generosa e comunicativa conosco, por tanto peço que nos perdoe a nossa falta. Eu por minha parte não sossego e nem esqueço de dizer que se apressem mas como nem sempre se vence, e daí entra-se na estrada *del poi, poi*. E desde dia 2 de fevereiro que Vera está morando no Rio. E na General Osório ficaram alguns dias sem empregada, por não aceitar os meus préstimos provisórios, mas ao Luiz cá nada faltou porque a amiga Gertrude tem lhe dado as refeições, passei uma tarde com ele ficou muito contente. E Jo Joge imagino como deve estar um amor. É de uma semana para cá que sonho que vocês já tinham chegado, mas será mesmo que isso não ficará só em sonho?

Quem está agora na casa com eles é a ex-empregada de Gertrude e estão contentes com ela. Vanda e Déa estão trabalhando fortemente no enxoval, mas ainda não tem certeza se será em maio o casamento porque o intruso inquilino está difícil de sair da casa. Família Irma Repeto estão morando perto da tia Eugenia, Norma, = joia. E Regina estarão todos no coxingui.

Zélia eu queria que você visse a beleza que está a planta de tinhorão cor-de-rosa é um esplendor, tem dado muitas mudas, eu já ia me esquecendo de dizer que é aquela que trouxe do sítio de São João [de] Meriti.

Muitas lembranças da tia Margarida e mais parentes.

E a vocês um forte abraço e beijinhos ao netinho Jon Joge da saudosa mãe amiga Angelina.

Minha avó Eulália achava que mulher sofria demais e, para evitar sofrimento para seus filhos, fez uma promessa a santo Antônio para só ter filhos homens. Ela tinha bastante intimidade com o santo e só o tratava por Tonho. Lalu teve quatro filhos, todos homens, e até o fim da vida pagou sua promessa de uma vela semanal para o santo. O mesmo pensava em relação aos netos, mostrando uma evidente preferência pelos netos em detrimento das netas. Ao saber da gravidez de minha mãe, meu avô juntou-se a ela na torcida por mais um menino. Nesta sua carta, endereçada a minha mãe, depois de se queixar das dificuldades de conseguir portador para levar encomendas suas para o Leste Europeu, afirma sua certeza de que seu novo neto será homem. Menos de um mês depois, nasceu Paloma.

23/7/51

JORGE E ZÉLIA: SAÚDE ETC.

Hoje endereço esta para Zélia por ser ela quem escreve dando as boas notícias, tivemos notícias e acompanhamos a estadia do Jorge em Moscou, pelo rádio, o meu rádio que muito possante, escutei todo o programa do Jorge. Foi para mim e Eulália imenso prazer ouvir a voz do nosso querido Jorge, acompanho todo o movimento do Jorge cujas atitudes muito me orgulham.

Sobre o livro tive ciência de que já remeteram para ele há dias, eu recebi um com dedicatória asinada por todos os presentes a uma festa da saída do livro, este volume eu guardo com todo carinho, a festa foi na ABI. Quando recebi a última carta de Zélia estava eu à procura de um portador certo para remeter alguma cousa a vocês, a mim é difícil conseguir isto, o sr. Arestides Saldanha já viajou de avião, estes passageiros de avião nunca podem levar alguma cousa devido à quantidade de quilos de bagagem, mal dá para a bagagem deles, estamos aprontando as cousas para ir pelo sr. Nissin Castiel primo de Alberto Castiel que está aí consigo, vai para Paris de navio. Irá no princípio de agosto. A irmã da Zélia d. Vera tem vindo sempre aqui no sábado veio com o marido, viu a fotografia de vocês, na praça Vermelha que saiu na revista *Times* que tenho. Eulália está boa, tem tido bom tratamento temos é sofrido a enorme saudade. Agora a cousa piorou. Creio que tão cedo não teremos junto a nós, mas eu confio muito nos meus santos, que não me faltam, pode tardar, mas é certo; todos nós aqui vamos com saúde o André está um encanto, Joelson e Fanny vão bem e James e Jacinta e Jana também.

Sem mais abraços e beijos para João Jorge que receberá a roupa dele, junto com a do irmão, tenho certo ser irmão. Abraços de Eulália para vocês, e o meu abraço saudoso do pai am.º certo,

João Amado Faria.

Nesta carta, meu avô João dá conta das encomendas feitas por meu pai. Essas encomendas chegaram à Tchecoeslováquia muito tempo depois, em um "saco de marinheiro". As embalagens originais, de papel, haviam se desfeito, e os produtos estavam misturados. Minha mãe estendeu um lençol sobre a cama e despejou tudo. Passou muito tempo a separar o tabaco dos cigarros do feijão e da farinha. Meu pai comprou papel de cigarro e, com o fumo que foi salvo da mistura, conseguiu recuperar a quase totalidade das vinte carteiras de Lincoln. Com o feijão e a farinha, minha mãe fez uma feijoada, o que levou lágrimas aos olhos de Nazim Hikmet, tratava-se de prato turco, de sua infância. Meu avô

fala ainda da sua intenção de comprar um apartamento para cada um dos filhos. Aproveita para dar uma alfinetada em tia Fanny, mulher de tio Joelson, que considerava metida a grã-fina.

9/8/51

JORGE: SUA SAÚDE ETC.

Confirmo minha última carta, e acuso a última de Zélia de 10 de julho, conforme mandei dizer entreguei ontem ao casal Castiel para levar para vocês, as encomendas do seu pedido, que são cigarros com vinte carteiras duas caixas goiabada cascão, uma lata abacaxi, uma de caju, 2 quilos de charque, 2 quilos farinha mandioca, uma caixa com charutos o melhor que há na praça, a marca de Getúlio não existe, não fabricam mais; agora para Zélia uma manta lã tricô, um cueiro de lã tricô, uma calcinha impermeável, duas roupetas, uma para uso diário e outra para passeio para João Jorge, dois sabonetes e duas latas de talco Johnson, para criança, para Zélia não vai alguma cousa por não saber que melhor é conveniente agora e também já ser pesado o embrulho: só novo portador. Zélia que perca a cerimônia e diga o que melhor lhe serve que mandaremos, ela muito nos merece. Vão também cinco discos, samba, frevo etc. Mais mande procurar em Paris; vou sempre ao sítio que está feito uma tapera, morreram todas as frutíferas, porém nos valeu o lovar [?], que loteado estou vendendo, e logo vendido todos os lotes, a prazo de 5 anos, pagamentos mensais, poderei comprar o apartamento para vocês, ainda ficam as casas e galinheiros com cerca de 7 mil metros quadrados, que limpas as casas ainda pode se vender, bem vendido conforme já mandei dizer comprarei um apartamento para James morar, na av. Princesa Isabel por 500 mil cruzeiros, e vendi a casa de Vila Isabel por 600 mil cruzeiros. Me falta comprar um apartamento para o Joelson, que a d. Exmª esposa dele só pode morar com os pais e outros grã-finos. O nosso apartamento onde moramos aguarda vocês. Caso demore em vir nós, eu e Eulália, iremos morar em um dos que compramos à rua República do Peru, que tem dois quartos, uma sala e mais dependência, alugo o nosso que pode se alugar a 7 mil cruzeiros mensais; tenho vontade de construir uma casa de veraneio em Miguel Pereira onde tem 70 lotes de terra para construção e vendo a do sítio. Sem mais espero que quando receber esta já tenha chegado o novo neto. Abraços de Eulália para todos, os meus abraços para ambos.

Do pai amº
João Amado Faria

Minha avó Angelina, nesta carta, também espera o nascimento de mais um neto e, ao contrário de meus avós paternos, mostra clara preferência por uma menina. O sexo de uma criança era na época uma surpresa, e só se conhecia no momento do nascimento. Tudo o que se podia fazer era torcer. A carta é datada de 22 de agosto e Paloma nascera três dias antes, no dia 19, mas minha avó ainda não sabia. Mostra-se também ansiosa com o próximo casamento da neta Déa e de toda a confusão que a festa do casamento envolve.

22-8-951

QUERIDA ZÉLIA

Já recebemos 2 cartas uma por mão de Vera que nos conta da sua viagem maravilhosa e que nos deu muito prazer em saber que viram tantas maravilhas, a segunda já veio queixosa e triste com a suposição que nós tínhamos dado lauto jantar em homenagem de aniversário ao tal, quando invés nem por lá se foi. E só no dia 20 ou 21 que ele telefonou para José que viria jantar em casa com Luis, e portanto não te aflijas.

No dia 14 pela manhã recebi de aniversário a sua cartolina que muito me consolou e admiramos a muita coincidência de você sempre acertar no dia exato. Zélia espero que esta tão esperada carta vos irá encontrar todos bons de saúde e você já regalada com a sua rica Paloma ou Palomito nos braços, imagino João Jorge como há de ficar contente com uma maninha.

Zélia você não imagina como estou aflita para poder te escrever estas mal notadas linhas, pois faltam poucos dias para o casamento de Déa e aqui não se tem sossego e nem descanso para preparar a festinha, e dois últimos aniversários de casa e mesmo de Luiz se passou em branco. José mandou cimentar todo o quintal e pintar a casa, imagine que rebuliço, e por cima ainda fomos todos gripados a ponto de Déa e Flavio ficarem uma semana de cama, mas agora já começamos a lida, para o dia 26 estamos esperando a Vera e Fábio. No mês passado fui levar convite de casamento para o tio Guerrando em Moema aonde agora residem e aqui a segunda e gozada coincidência, já era a hora da janta quando entrou Fefo ou Alfredo muito contente exclamando até que enfim consegui! e possuo o livro a *Paz do mundo* de Jorge. E o mesmo se deu em 49 quando fui passar uns dias na casa de Juranda em São Vicente e que fui encontrar com ela no caminho e me presenteou também com um livro que tinha ido comprar naquela hora. Gozado não? Zélia faz dias que não vejo Luiz mas sei que está bem de saúde e muito malandrinho.

Zélia já ia me esquecendo de agradecer as fotografias e o que vou receber. O Tito[85] e Clarice me prometeram de te mandar foto das meninas, e um abraço dos tios, primos e um beijo a João e a vocês nos braços de mãe.

Zélia já ia esquecendo de dizer que no dia que recebi a carta que falava do passaporte que Jorge recebeu, no mesmo dia a rádio dava notícia que iam dar anistia aos presos políticos que estavam na Europa, mas que bom seria esse direito, mas ao mesmo tempo pensei comigo, não será esse um abraço de tamanduá não? Mas paciência esse dia espera o de chegar.

Li a carta aberta de Jorge no jornal do Rio ao ministro Fontoura muito boa, Zélia quando ia terminar de escrever esta, apareceu

Clelia perguntou de você e disse que tem sonhado muito com você e que você estava mesmo com uma linda Palomita no colo, te manda muitas lembranças e também Carla.

Minha avó Angelina tinha seus documentos em dois nomes. Nascida quando ainda não existiam os registros de estado civil (*atto di nascita*) na Itália, o documento original que utilizava era a certidão de batismo. Isso deu origem a alguns documentos em nome de Angelina enquanto outros a chamavam de Ângela Maria. Não me lembro de jamais ter visto minha avó se referir a si própria como Ângela Maria. Geralmente era Angelina e, algumas poucas vezes, Ângela. É o caso desta carta em que assina Ângela.

São Paulo,
20-10-951

AOS MEUS QUERIDOS CHECOSLOVAQUINOS SAUDAÇÕES

Querida Zélia

Recebemos em setembro sua carta que nos deixou muito contentes em saber que tudo foi bem, até na escolha do sexo, a alegria foi tanta que Wanda[86] logo de manhã se pôs em obra com a escrita e encheu 11 folhas, até parecia querer fazer concorrência a Jorge, e não ficou nem o espaço de 3 linhas para eu mandar dizer da minha alegria, contou como foi a festa do casório de Déa. E espero que a tenhas recebido, e que a falta de suas notícias não seja que a ocupação em volta de João e Palomita os queridinhos que a vovó tanto desejaria estar perto.

Aqui vamos bem de saúde, Luiz sempre acompanhado jantarão aqui está forte e levado. Zélia me dói na alma o não poder dar recados e fazer que ele te escreva como quando estava a Vera, mas isso não podemos fazer porque o Aldo[87] disse a José[88] desde aquele tempo que Vera saiu de lá, é que foi avisado de ir barrar o presente que você mandou. Que quem se ocupasse a dar recados ele cortaria as relações com quem quer que fosse. Porque diz ele que é pior para o menino que além da saudade ainda faria muitas perguntas que ele acha melhor silenciar. Portanto Zélia devemos nos conformar se não não teremos mais a oportunidade de vê-lo sempre. Zélia o que posso dizer é que ele está bem nutrido e bem tratado e é o primeiro da classe em estudo. Quando aqui aparecem a seu convite ele fica que parece costurado nas calças do pai ou senão corre de um lado para outro como espiritado. Aldo já saiu da livraria e veio saber de alguma sugestão de José sobre o rumo que irá tomar. Estão batendo na porta!

Zélia até parece mentira que você acerte o tiro ao alvo com as cartas pois elas chegam sempre na hora agá tanto nos dias de aniversário como nos dias de grandes saudades nossas. Estava eu fazendo esse rascunho quando chegou a sua bem fadada carta com os retratinhos de Paloma que nos deu muita alegria e me parece que ela é bem engraçadinha e tem os cabelos crespos, é um amorzinho.

E deste rascunho fica algum dito por não dito mas vou mandar assim mesmo.

Querida Zélia vou continuar rascunho. Hoje dia triste de chuva, mas para mim ficou resplandecente e alegre depois que recebemos sua carta pois já me sentia esquisita e em falta por não ter mandado os parabéns pelo nascimento de Paloma. Vanda diria se ela não receber a minha carta eu me mato.

Há poucos minutos depois de ter escrito o rascunho Vanda disse que aproveitando estar o Aldo na casinha em palestra com José aproveitou dizer a Luiz do nascimento de Paloma e também incitou para que te escreva e que não ficasse só promessa como fez em maio passado dia das mães que não cumpriu e ele respondeu não sei se posso pois o papai está sempre perto de mim. E agora vamos ver que bicho dá. Ficamos também contentes por você ter recebido o que mandamos. Bruno foi despedido do serviço da Light por ser insuflador de ideologias contrárias mas ele quer ser indenizado e quem vai tratar disso é Raio Branco. Mauro esteve preso 7 de setembro até 8 de outubro porque estava pregando cartazes pra paz e boletins para libertação de Luisa Branco diz que levou...

Rodolfo Nuni já é pai de um lindo garoto. Quem ficou viúva é Marua Mantovuna pois lá se foi o pobre... com 78. Também dona Antonieta do Roque com setenta. Clarice e Tito perguntam sempre por vocês. Remo, Clara tia Malgari e primas.

E aqui vai uma curiosa coincidência que me lembrei de mandar, e as fotos de Marice e Leda.

E aqui vai um abraço e beijinho nas crianças de sua mãe, sogra e avó Angela

Finalmente Déa se casa e Wanda manda uma carta contando com todos os detalhes e minúcias a festa de casamento da filha. Cezarina era um dos apelidos com que minhas tias chamavam minha mãe.

MINHA QUERIDA CEZARINA

Acabo de receber tua carta; quarta-feira 12 de 9 — 3 horas da tarde. Ficamos satisfeitíssimos em saber que você está passando bem e que a tua vontade foi cumprida. Soubemos do nascimento da garota, ontem por carta da Vera; ela e Fábio embarcaram para o Rio, de avião no domingo, e lá, a Vera soube do nascimento da Paloma, por intermédio do sr. João.

O cartão que você diz ter enviado até agora não chegou. Bem; vamos ao que interessa. Luiz Carlos está forte. Aplicadíssimo nos estudos, sendo sempre o 1° da classe. Os cadernos dele são uma coisa de abismar. Quanto a traquinagens, continua sempre na mesma. Toda vez que vejo Maria, as queixas são muitas; tenho cansado de dar conselhos, mas o moleque não atende. Com o tempo ele compreenderá melhor! Pelo que você escreve, João Jorge ganha dele, de longe. Esperamos que a Palomita seja mais sossegada; ou o teu destino é botar ferrabrases no mundo! Tenho trabalhado tanto de julho para cá que me encontro como um peixe fora d'água, depois que tudo passou. Você vai ficar espantada em receber a resposta tão rapidamente, mas é que agora sobra mais tempo e eu não poderia deixar para amanhã, a vontade louca que tenho em abraçar-te, embora por carta, e compartilhar da tua grande felicidade. A tua curiosidade já chegou ao auge. Vamos ao casamento da Déa. Aqui vai com todos os detalhes. Dia 31 de agosto, 6ª feira, 10 1/2 da manhã. Casaram-se no civil, sendo padrinhos dela Clarice e Tito; e dele os pais, que haviam chegado de Itararé — onde residem, em companhia de duas filhas casadas, com os respectivos maridos e filhos, 3 crianças de 5, 3 e 2 anos.

Todos assistiram a cerimônia, inclusive Zé Soares, todo enfarpelado numa fatiota nova. (Parecia um *doctor*). Eu não assisti. Fiquei em casa com os olhos marejados de lágrimas, assumindo o comando da cozinha, pois foi oferecido um almoço a todos: 21 pessoas. Tia Eugenia mandou Lourdes para ajudar, Afô foi meu braço direito e mamãe também ajudou bastante. Você naturalmente estará pensando: onde enfiaram tanta gente! Mas Zé Soares é muito previdente: mandou cimentar todo o quintal e foram arrumadas mesas do bufê João Freire, que se encontravam no quintal, esperando os festejos do dia seguinte. (Foi a minha salvação.) Esquecia-me de dizer que estava também José Erasmo, irmão do noivo, rapazinho de 15 anos, que fala caipira, da gente rir.

Falei na família do noivo, mas esqueci de fazer a apresentação. Chegaram do civil às 11 1/2. Zélia: aqui está o sr. Domingos Sampaio, 55 anos, muito alto, cabelos brancos como leite, engenheiro agrônomo, muito simpático e doido pra contar grandezas. Sotaque de gente de interior. Dona Iracema, esposa do sr. Domingos, 47 anos, magrinha e alta, simpática, professora de piano, parece ser muito boa e compreensiva. Está radiante com o casamento do filho. Gosta muito da Déa. Apresento Dulcita irmã de Rubens, 27 anos e seu marido Iolo é o apelido, o nome esqueci de perguntar; tem 2 meninos. Aqui está Terezinha irmã mais nova, 22 anos e seu marido "Bebé", é apelido. O nome não sei: tem duas filhas, uma ficou em Itacaré. Todos com o mesmo sotaque. Gente muito boa e distinta. Após o brinde de felicitações e os abraços costumeiros, fugi para chorar na cozinha: minha filha estava casada. Ela estava muito bonitinha com um vestido de tropical cinza, e Rubens com um terno que parecia (*um can dun sior* [?]) ele tem muita personalidade. Formaram um belo casal. Não fiz a apresentação de meu genro, porque Déa já te falou sobre ele. Vou só dizer que nunca vi em minha vida homem mais apaixonado. Até parece o Zinho quando namorava a Lila, lembra? Ai de quem chegasse perto. Zé Soares cantarola entre dentes aquele samba, onde vai a corda também vai a caçamba. Você está achando graça? É mesmo para rir. De 5 em 5 minutos batem à porta: presentes em quantidade; o meu quarto estava cheio. Foram enviados uns 100 convites. Faça o cálculo dos presentes. Eu estava começando a me impressionar. Onde irei botar tantos presentes e convidados? Você compreende, cada convite representava no mínimo 3 pessoas, faça as contas. A minha salvação foi a vizinha do lado, que, num gesto de generosidade vendo a minha aflição, me ofereceu um quarto que tem no quintal, para guardar o que eu quisesse. Desarmei as camas do quarto da frente, cadeira de balanço, cesto de roupa, enfim uma quantidade de coisas foi para o quarto da minha bondosa vizinha. Você deve estar rindo, e eu também. A coisa foi mesmo divertida. Dava para escrever um conto. (As loucuras de Zé Soares.)

Robe da Mati. Quanto ao almoço, nem preciso falar. Você já conhece o costume. Os velhos Sampaio arregalavam uns olhos, que *parevi te, al risoto di Gaetano*. A minha afobação era tanta, que quando fui tirar uma assadeira de empadas do forno, as ditas se esparramaram no chão, e eu já de catar tudo e mandar pra mesa. São coisas do ofício. Eu estou avacalhando, mas, para falar a verdade, o casamento foi grã-fino. As mulheres se esmeraram nos chapéus de plumas e vestidos dos mais lindos feitios. Você sabe, Zé Soares anda muito bem relacionado e a fina flor da elite afluiu à cerimônia. O meu chapéu ficou muito bonito, feito por mim, com as penas de avestruz, do boá da mamãe. Enfeitado com uma pluma imensa, azul-celeste. Ficou um deslumbramento. Você está rindo, hem? Eu também. Crozata arranjou com a noiva do filho de Luordite, um capelão dela madona formidável! Ela disse que não estava para gastar 500,00 só por um dia. Mamãe foi a única que não quis saber: palavras dela: *mi non vóio savê di capeleti: e eu entre dentes, in bródo*.

Antecipei os acontecimentos. Vou começar pelo dia 1º cedo. Déa Neyde, aflitíssima: cabeleireiro, manicure, casa de dona Regina, que fez o vestido (como de costume, atrasadíssimo): 8 horas da manhã caminhão na porta: companhia Antártica, chope, guaraná, coca-cola, tônica, gasosa, pedras de gelo. Pus as mãos na cabeça! Só a bebida havia tomado um quarto do quintal. 9 horas: bufê João Freire, para arrumar a mesa: uma toalha muito bonita da ilha da Madeira, e buquês de flores. Os doces foram feitos por nós e minhas cunhadas, Delmina, Izaura, Aurora e mais ajudantes. 4.000 doces muito finos e bem-feitos (fizeram um sucesso!) O bolo da noiva foi feito pela Izaura, irmã do José, que está fazendo um curso de bolos artísticos. Ficou lindíssimo. Representava uma ferradura com 3 sinos em cima; para você calcular o tamanho do bolo, vou apenas dizer que foram usados 60 ovos. Foram tiradas fotografias da mesa arrumada e você terá ocasião de ver. Enquanto os garçons arrumavam a mesa, outro caminhão chegava, trazendo talheres, pratos, copos, taças, salgados em profusão, sanduíches, canapés, champanhe, vinhos e ponche. Os salgados foram todos feitos pelo dito bufê. Tabuleiros e mais tabuleiros que entravam pela porta adentro, com o espanto de todos. Eu só pensava: Zé Soares enlouqueceu. Os presentes, corbelle e telegramas chegavam sem cessar. Eu já estava suando frio. Chegou a hora dos preparativos: vestido de noiva, neca de aparecer. Conceição fez a grinalda: um casquete coberto de flores de veludo, muito miudinhas, presas com miçangas. Véu até a cintura. Ficou muito bonita. A noiva já estava prontinha, esperando a costureira, já eram 5 e 20; a cerimônia devia realizar-se às 5 e 1/2. Botei meu chapéu de pluma azul; pela 1ª vez em minha vida, ouvi meu marido dizer: você está bonita! Estava mesmo: eu achei. Você está rindo, marota! Eu também. Chegou dona Regina: 5 e 1/2; correria, afobação, o carro na porta; 5 e 35: a noiva já vai sair. O vestido um encanto. Minha filha estava linda, parecia uma fada, dos contos das mil e uma noites. A minha palavra é suspeita, mas não houve quem não achasse. O traseiro do vestido é todo de babados plissados, de organza (60 metros). A frente é de *faille* todo salpicado de flores de veludo, igual ao casquete; o corpete também: e a blusa de organza. O buquê de angélicas foi oferecido por Zesso, que foi o padrinho, e eu a madrinha. Os padrinhos do Rubens foram a irmã e o cunhado. A igreja da Consolação, toda enfeitada de flores brancas, estava repleta. Assim que ela chegou pelo braço do pai, o órgão tocou a marcha nupcial, acompanhando uma linda voz feminina. Chegamos com 15 minutos de atraso. Rubens já estava impaciente. Fotógrafos explodiam magnésios de todos os lados. Foram tiradas fotografias, na chegada, com o padrinho, outra na subida do altar, quando estava sendo entregue ao noivo, outra pondo as alianças, outra ajoelhada, quando o padre abençoava, outra assinando o enforcamento, outra na saída da igreja, outra em casa, dos noivos cortando o bolo, os noivos junto dos tios e algumas poses no atelier.

Os convidados lotaram a casa e o quintal que também tinha uma mesa posta. Três garçons foram impotentes para servir champanhe. Zé Soares destacou uma turma de amigos do Patoto para ajudar passar bandejas. Em seguida foi a distribuição em profusão de deliciosas empadas, coxinhas de galinha, croquete de camarão, camarão frito, cuscuzinhos, delícias de vitela, canapés, sanduíches (coisa de loucos). A turma estava como queria. Carla Vaconi se esgoelou, marido de Lucia Consorte também, Nair amiga de Carla, idem. A festa foi às mil maravilhas.

Dante e nha Zefa estavam abismados, tive a impressão de que ele estava meio estornelo. Mario Strambi e esposa em grandes amores, Ema, Nico e Pistoresi, Brucutu e Valkira (Clelia ficou em casa chocando os filhos). Família Romanini explodindo de entusiasmo. (Sida vai ficar noiva de um turco; já cantou o pai que vai querer uma festa assim quando casar.) Não nomeio os grã-finíssimos casais conhecidos de Zesso, porque você não os conhece; em poucas palavras pense em todos os nossos amigos e alguns parentes, amigos e parentes de Zesso, parentes e amigos de Rubens, para você avaliar o número de pessoas que se amontoavam nesta caixa de fósforos. A indignação de Crozata chegou ao auge quando viu aparecer Suzana, a nossa vizinha da frente, que foi convidada; não satisfeita com um convite estendeu-o a prima e noivo, 2 irmãos, mãe e mais uma menina. Pelos comes e bebes foi um favor terem vindo, mas o espaço é que era o x. Felizmente a festa transcorreu no maior entusiasmo possível e imaginável. Às onze horas os noivos despediram-se de mim e Zesso que não pôde conter a tristeza da separação e desatou em prantos a cena foi bastante comovente: até o noivo ficou chateado. Não quiseram viajar naquela semana.

A casa deles é um encanto. Mobiliada com muito gosto. Embarcaram esta semana para Santos. Rubens só entra em serviço dia 10. A festa foi até as 3 da manhã. Delmina foi buscar uma vitrola e o baile animou-se. Não houve convidado que não levasse um pacote de doces e salgadinhos. Às 10 horas, quando me levantei, pensei amargamente nos infelizes coreanos. Varria aos montes, salgados e doces, que os glutões enfastiados mordiam e atiravam ao chão. Zélia, não estou exagerando é a pura verdade: tudo foi falta de prática e o medo que faltasse. Durante a manhã não fiz outra coisa senão destacar Fábio e Flavio na distribuição de doces e salgados pela vizinhança. E o chope que sobrou nem queira saber! Agostinho levou dois barris para distribuir entre os conhecidos dele. Moleques que entravam e saíam com jarras e garrafas, procurando esvaziar os intermináveis barris. Luiz Carlos não veio à festa, fiquei bastante sentida. Dia 7 estiveram aqui para almoçar e as desculpas foram muitas (mas não pegou). Não falei sobre os presentes; vou dizer alguns, pois já estou criando calo nos dedos. 1 aparelho de jantar checoslovaco, 1 aparelho de cristais 72 peças, 6 aparelhos para café, 1 aparelho para chá, de Bavária, uma maravilha, outro muito lindo da cerâmica barbosa e mais uns 2 ou três, já perdi a conta, pois estão encaixotados, bateria de alumínio, faqueiro, 2 máquinas para macarrão, torrador de pão, 7 abajures lindíssimos, panela de pressão, vasos, bandejas, 2 aparelhos para toalete, um relógio cuco, ferro elétrico, e mais uma quantidade que seriam precisas mais duas folhas.

Agora você não poderá dizer que não esteve no casamento de minha filha. Espero que estas informacções tenham te divertido. Foi um acontecimento que ficará na memória de todos que aqui estiveram. Poderia escrever muito mais; já estou cansada, talvez a Vera te dirá o que eu não disse. Creio que Luiz não recebeu o cartão que você mandou, vou saber. Envio ao Jorge o meu grande abraço de parabéns, pelo nascimento da Paloma. Lembranças e abraços de todos, a vocês. De mim para João Jorge e Paloma muitos beijos e para você todo o meu amor
Wanda
São Paulo 12-9-51

Esta carta é datada do dia 4 [de novembro], de Viena. Com a Guerra Fria, havia forte pressão norte-americana para impedir que os Congressos da Paz fossem realizados fora dos países de "democracia popular". Apesar disso, o Conselho Mundial da Paz conseguiu realizar o Congresso de 1951 em Viena. Os austríacos, contudo, puseram sob censura a correspondência, como se pode notar nesta carta que leva o carimbo da censura.

Viena, 4

MEU AMOR,
Recebi hoje pela manhã teu telegrama, vou a buscar amanhã, segunda-feira, os remédios pedidos.

Faço-te este bilhete durante uma reunião de Comissão para te enviar minha saudade a ti, a João e a Paloma.

Nunca tive tanto trabalho em toda minha vida. Entro no local da reunião antes das 8 da manhã e saio sempre depois da meia-noite. Ontem saí à 1 e meia da manhã e fui despertado com teu telegrama às 6 horas. Estou fatigadíssimo.

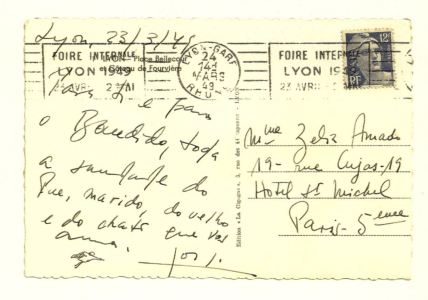

Lyon, 23/3/49.
Para Zé e para o Bandido,
toda a saudade do pai,
marido, do velho e do chato
que vos ama. Jorge

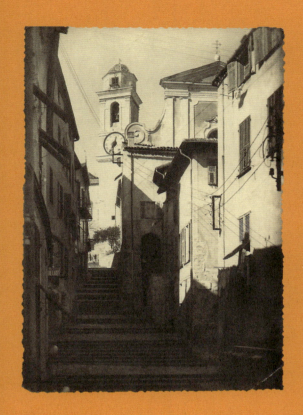

25-3-49. Um beijo, Bandido!
do Bandidão

Monte Carlo, 31/3/949.
Saudades para ti e pro Bandido.
Vim espiar Monte Carlo.
Beijos. Jorge

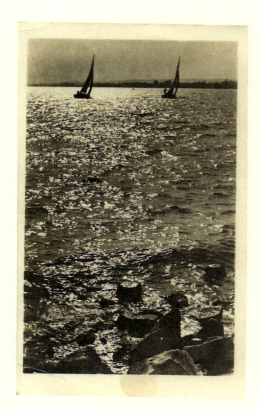

Bandido: Beije tua mãe por mim
e se lembre [do] teu Pai, [d]o amigo
e camarada. Jorge [*O carimbo
mostra que o cartão foi postado
em 1949 e o selo é húngaro.
Ao lado das palavras de meu pai,
há um bilhete de Venturelli,*[1]
que não consegui transcrever.]

Estocolmo, 16-3-950. Zélia: cheguei ontem bem.
Te enviei um telegrama. Chegou do Brasil o Pedro
Mota Lima.[2] Estou te escrevendo no decorrer
da primeira reunião ordinária. Penso voltar no avião
de 21 (terça-feira). Te avisarei por telegrama.
Beijos para João e para ti. Com toda a saudade
o teu Jorge!

Estocolmo, 16/3/50.
Um beijo pro "bandidinho" do Bandido.

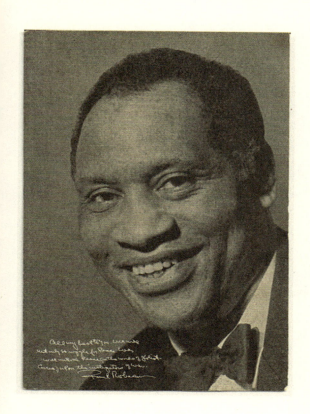

Estocolmo, 18/3/50.
Saudades e beijos para ti
e João do teu Jorge.
[*O carimbo informa que
o cartão foi postado no dia 17.*]

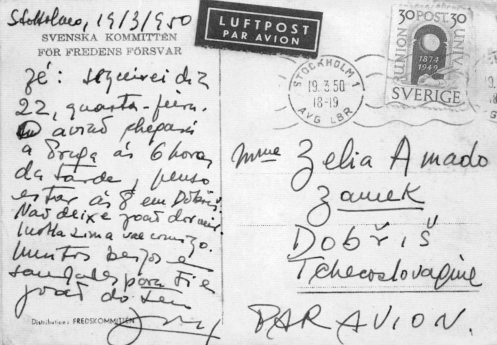

Estocolmo, 19/3/950.
Zé: seguirei dia 22, quarta-feira.
O avião chegará a Praga às
seis horas da tarde, penso estar
às oito em Dobris. Não deixe
João dormir. Motta Lima vai comigo.
Muitos beijos e saudades para
ti e João do teu Jorge.

26.6.950.
Querida: como vai? O Congresso, muito interessante. Irei a 28 ou 29, com Drda[3] e Pavel. Encontrei aqui o embaixador [*ilegível*] e dona Janina. Muitas saudades do teu Jorge.

Bucareste, 1-12-1950
Saudades e beijos,
querida minha, para ti
e para o João bandido mexicano
do teu Jorge

[2.11.51] Saudades de Viena. Jorge. / Comadre querida, besos de Pablo [Neruda]. / Saludos afectuosos aunque no tengo el gusto de conocerla. José L. Massera.[4] Abrazos de Venturelli
[*Jorge Amado convidava pessoas para escrever nos cartões que mandava. Este, enviado por ocasião do Congresso dos Partidários da Paz, também leva assinaturas dos companheiros do Conselho Mundial da Paz presentes no congresso.*]

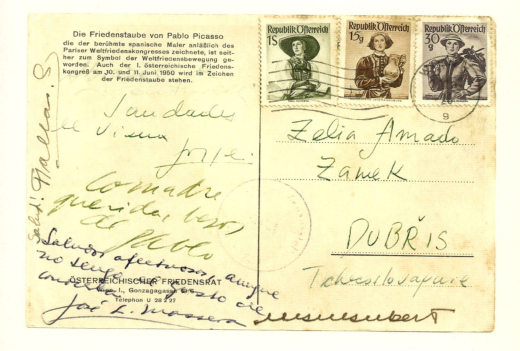

Berlim, 20-11-1951.
Zé: aqui estou, sem novidades.
Começamos o trabalho
que promete ser grande e frutuoso.
Beijos para João e para ti
do teu, saudoso, Jorge.

Berlim, 23/11/1951.
Badaroca: Beije tua mãe
por mim. Teu Bandidão.
Jorge Amado. Hotel Adris.
Berlim.

Atravessando o Atlântico para a Europa, meu pai mandou este cartão distribuído a bordo pela KLM com uma foto do Douglas DC 6B. A pouca autonomia impedia o voo direto. Aproveitou, então, a escala na África Ocidental francesa para postar o cartão.

Juca: Esse é o retrato do avião onde o pai está indo.

Sobre o Atlântico, 3/12/52 às 16:30 horas.
Filhote: teu pai vai num avião enorme, sete horas e trinta minutos sobre o oceano Atlântico e vai com muitas saudades do João.
Faz um favor ao Paiote: dê um beijo na mãe, outro na Palomita, um no avô, um na avó, um na Janaina, um abraço no James e outro beijo na mãe. E um grande para o João. Do pai.

Viena, 4

meu amor,

recebi hoje pela manhã teu telegrama,
vou a buscar amanhã, segunda-feira, os re-
medios pedidos.

Faço-te este bilhete durante uma
reunião de Comissão para te enviar minha
saudade a ti, a joão e a Paloma.

Nunca tive tanto trabalho em toda
minha vida. Entro no local da reunião
antes da 8 da manhã e saio sempre depois
de meia-noite. Ontem saí á 1e meia
da manhã e fui despertado com teu
telegrama á 6 h. Estou fatigadíssimo.

Todo mundo vae sem novidade. Todos
te enviam abraços.

Neste momento que te escrevo Dona Branca
deve estar falando no plenario. Oh! meu
Deus!, que senhora chata. Já estou farto.

... contente de saber que todos estás
... Beija os meninos por mim
... um beijo meu com toda
a ... e o carinho do teu

Todo mundo vai sem novidade. Todos te enviam abraços.

Neste momento que te escrevo dona Branca[89] deve estar falando no plenário. Oh! Meu Deus!, que senhora chata. Já estou farto.

Fiquei contente de saber que todos estão bem. Beija os meninos por mim e recebe um beijo meu com toda a saudade e o carinho do teu

Jorge

Ainda em Viena Jorge Amado compra uma máquina de escrever Olympia semiportátil de fabricação alemã que vai acompanhá-lo por muitos anos. Estreia a máquina com esta cartinha, não datada.

ZÉ: EU TE ESCREVO COM A NOVA MÁQUINA que venho de comprar. Eu a utilizo, antes de tudo, para te escrever. É simpática a bichinha e creio que gostarás dela, só que estou escrevendo ainda como um principiante, essas sao (acabo de descobrir que nao há til) as minhas primeiras experiências com ela. Mas é agradável.

Aqui comecamos (nao há tampouco c com cedilha) hoje o trabalho da reuniao do Conselho Mundial. Há bastante trabalho, estou com a impressao que essa vai ser uma boa reuniao, positiva. Nao terminará no dia antes previsto (sábado) e sim segunda ou terca-feira. Voltarei assim que termine.

Como vai Joao? E tu? E a Paloma em vias de crescer? Anna Seghers,[90] muito excitada com a notícia, já conhecida dela, de tua gravidez.

Aliás tua gravidez é conhecida de todo mundo, todos me perguntam por ela. O que é a celebridade...

Já comprei tuas camisas de dormir e um pijama para mim. Por ora só. Nao há la (lan) no momento. Talvez haja antes de eu voltar.

Bem, meu amor, fico por aqui. Estou te escrevendo na hora do almoco, a reuniao recomeca três horas e eu venho de chegar do magazin com a maquininha. Beije muito Joao por mim e beije o teu, cada vez mais teu

Jorge

PS — Telegrafarei o dia de chegar. Te enviei um cartao. Chegou?

Zé: eu te escrevo com a nova maquina que venho de comprar. Eu a
utiliso, antes de tudo , para te escrever. É simpatica a bichinha
e creio que gostarás dela, só que eu estou escrevendo ainda como um
principiante , essas sao (acabo de descobrir que nao ha til) as minhas primeiras experiencias com ela. Mas é agradavel.
Aqui comecamos (nao ha taopouco o com cédilha) hoje o trabalho da
reuniao do Conselho Mundial. Ha bastante trabalho , estou com a impressao que essa vae ser uma boa reuniao , positiva. Nao terminara´
no dia antes previsto (sabado) e sim segunda ou terca feira. Voltarei assim que termine.
Como vae Joao? E tú? E a Paloma em vias de crescer? Anna Seghers,mui-
to excitada com a noticia , já conhecida dela , de tua gravidez.
Alias tua gravidez é conhecida de todo mundo,todos me perguntam por
ela. O que é a celebridade...
Já comprei tuas camisas de dormir e um pijama para mim. Por ora só.
Nao ha la no momento. Talvez haja antes de eu voltar.
Bem,meu amor, fico por aqui. Estou te escrevendo na hora do almoco,
a reuniao recomeca tres horas e eu venho de chegar do magazin com
a maquinhinha. Beije muito Joao por mim e beije o teu , cada vez
mais teu

PS--Telegrafarei o dia de chegar. Te enviei um cartao. Chegou?

De Viena meu pai segue para Berlim, de onde envia dois cartões, um
para minha mãe e outro para mim, datados, respectivamente de 20 e 23
de novembro.* Vovó Angelina escreve mais uma carta, onde junta uma
foto de Luiz Carlos, que escreve uma dedicatória. Com a separação entre minha mãe e o Aldo, este ficou com a guarda do Luiz. Aldo não cor-
tou relações com a família de minha mãe e levava, eventualmente, Luiz
Carlos para ver minha avó e minhas tias. Tinha um bom relacionamento
com meu tio José Soares, marido de tia Wanda. O que não admitia é que
dessas visitas resultasse algum contato entre minha mãe e Luiz. Nem
cartas, nem fotografias, nem mesmo recados. Alegava que qualquer ligação de meu irmão com nossa mãe tornaria a situação ainda mais
penosa para a criança. A preocupação de minha avó era de que o Aldo,
em retaliação pela foto e, principalmente, pela dedicatória, deixasse de
aparecer e de levar o menino para vê-las.

São Paulo,
16 dezembro 1951

QUERIDA ZÉLIA

Recebemos a sua carta 19 de novembro e fiquei contente em saber que estão bons de saúde, e Paloma bonita e quase com 6 quilos e Jon Joge um perfeito desenhista em tirar o retrato da avó, Clarice ria de perder o fôlego de ver o tal meu retrato. É pena que tenha chegado tarde para entrar no concurso de arte moderna, a Bienal onde Brecheret tirou 100 contos de prêmio. E bem contentes ficamos e até parece um sonho de você dizer que em breve estareis aqui, mas será que é verdade? Quando recebemos a sua última queria responder imediata para manifestar tamanha alegria, mas pensamos de ver se podíamos o que tanto você deseja e satisfazer com alguma fotografia de Luiz, foi um pouco difícil mas arranjou-se também dele pôr a dedicatória: que ele o fez com muito gosto. Mas passados alguns dias o tal foi fazer queixas a José, e agora não sabemos se ele está mesmo de mal.

Luiz passou nos exames e ganhou 10 em todas as matérias.

Zélia o mês passado tenho sonhado com vocês, e muito me alegraria se pudesse ver também esses netinhos, mas de verdade. E que assim não precisaria curtir tanta saudade.

Você diz que tempo não falta para te escrever, mas não é como você pensa, eu já estou com 62 *invernate sul gropone* só há poucos anos e que... pudesse dizer começando a escrever alguma carta e só em pensar o tempo que levo para isso fico titubeante quando tenho de tomar essa iniciativa e depois tem outra que espero que quem estudou e sabe melhor que eu se compadeça e seja o primeiro. E *cosi i tropi cuoqui gustano la cucina. Tito aben que pareça Ursuriela* assim que me vê não deixa de perguntar se você escreveu e também Clarice, Remo e família. Tia Margarida, Clélia, Olga Strambi. E todos os primos e mais famílias amigas. Déa ficou para acabar a carta que em breve mandará. E faço ponto. Muitos beijinhos aos netinhos e um abraço vocês de sua mãe.

Vera também está esperando resposta de carta que recebemos quase quinta com a sua. Os esposos vão indo muito felizes e nada de novidade. Déa também queria escrever logo mas quando Déa começou a carta ficou doente e precisou ficar aqui em casa uma semana e depois de tomar uma série de injeções na penúltima que ia tomar foi malsucedida porque ficou uma pequena veia que quase desmaiou e precisou chamar o médico que lhe aplicou mais quatro para reanimá-la, mas agora já está boa só que com isso tornou mexer com as minervas e ela precisa de companhia para não se assustar. Bruno já foi buscar o brinquedo de Everton que por uma mera coincidência veio conhecer o tal Guedes e foi só há poucos dias que Aparecida nos contou, e nós ainda não tivemos a oportunidade de ir. Bruno agora está com os irmãos aprendendo a recauchutagem e abrirá uma pequena oficina. Mauro já foi solto há meses mas deverá responder processo em março. Eu continuo sendo sempre assediada com encomendas de sapatinhos que não acaba mais.

Zélia aqui vão os dois retratos de Luiz que muito te alegrarão.

E agora vou começar responder a carta de Vera que recebemos dias antes da sua, são seis horas da tarde e não sei quando acabarei.

E mais um saudoso beijo da sua mãe amiga.

Entre as cartas guardadas por minha mãe, essa, de dona Angelina, foi a última das recebidas durante o exílio.

Com a eleição de Getúlio e o fim do governo Dutra, a situação parecia mais tranquila para os comunistas. O processo contra meu pai, enquadrado na Lei de Segurança pela publicação de _O Mundo da Paz_ e que atingira também os editores e os livreiros que o haviam exposto, estava parado, e ele recebeu a garantia do governo de que não seria preso se voltasse. Resolveu pôr um fim em seu exílio e voltou ao Brasil. Não foi preso, mas o processo foi reaberto e foi intimado a comparecer à polícia.

Minha mãe foi a São Paulo levando a mim e a Paloma. A primeira carta depois da volta ao Brasil é de 6 de junho de 1952. Jorge escreve para Zélia contando de sua não ida à polícia e de não ter ainda recebido a segunda intimação. Sobre esse processo, meu pai relata em *Navegação de Cabotagem*:

> *Publicado no Brasil pela editora do pecê,* O Mundo da Paz *vendeu cinco edições em poucos meses, valeu-me processo na justiça, acusado de autor subversivo. Convidei João Mangabeira para meu advogado, mas não cheguei a ir a juízo, o magistrado a cargo do processo mandou arquivá-lo com sentença repleta de sabedoria: "de tão ruim, o livro não chega a ser subversivo, é tão somente sectário". Em verdade, não escreveu "de tão ruim", o acréscimo quem o faz sou eu, autocrítica tardia mas sincera.*

6-6-952

SAUDADES PARA TI E OS MENINOS. Recebi teu *cable*. Recebeste minha carta?

Aqui nenhuma novidade. Só que o trabalho aumenta a cada dia. Hoje jantarei em casa de d. Branca, onde estará também o Pala. Amanhã, sábado, às 10 da manhã darei uma entrevista coletiva à imprensa na A.B.I.

Como sabes não fui anteontem à polícia, apesar da intimação. Os jornais anunciam que serei intimado outra vez. Ainda não fui. Mas o problema do processo toma-me tempo. João Mangabeira[91] será, possivelmente, meu advogado. Passei ontem quase toda a tarde em casa dele a discutir. Enfim, sem novidades. Na casa idem. Jana[92] anunciou-me hoje pela manhã que está te escrevendo (!) uma carta.

Como vão João e Paloma? Teu pessoal todo? E teus assuntos? Já estiveste no Martins? Viste o Paulo e a Aparecida?

Bem, querida, muitas e muitas saudades.

Escreve-me logo. É bem provável que eu vá te buscar, pelo que parece.

Beijos, beijos e saudades muitas do

Teu Jorge

No mesmo papel em que Janaina escreveu a "carta" anunciada na correspondência anterior, Jorge Amado datilografou, dia 8 de junho, umas linhas para Zélia. O bilhete de Jana diz: "Traga um presente para mim".

Rio, 8-6-1952.

Zé, querida: a esta carta e este bilhete da Janaina, acrescento toda minha saudade de ti e das crianças.

Estou bastante chateado pois temo que duas cartas que te escrevi esta semana não te tenham chegado. Enviei-as para o nº 948 em vez de 984. Recebeste? Chato se não chegaram as tuas mãos, pois nelas eu te falava de varios assuntos que não interessa que sejam conhecidos de outras pessoas. Caso não xxxx tenhas recebido não seria possivel perguntar no nº 948?

Ontem a Zora me telefonou dizendo-me que havia estado comtigo. Estive lá com James, à meia-noite, ela e Isabel falaram sobre ti. Disse-me Isabel que vae amanhã pela manhã para aí. Agora, após ter ouvido no radio o jogo paulistas-cariocas (empate que deu o campeonato a voçes, dona campeona), estou te escrevendo este bilhete e, como não saimos a tarde toda , vamos, eu, James e Jana leva-lo a Isabel.

Hoje o Pala veio almoçar aqui, motivo porque não fui ao banho de mar, fiquei conversando com ele. James foi com Jana, meia hora. Ontem, conferencia de imprensa com varios jornaes, radio e televisão. Foi bem. Fui intimado pela segunda vez para depor amanhã Não irei. Não creio que se passe nada ,em consequencia.

Ainda não sei o dia certo quando irei aí. Mas penso que estarei aí no dia 15 para a posse da diretoria da a.b.d.e.

Só viste teu filho uma vez? E João e Paloma, como vão?

Eu continuo numa vida bastante chatinha. Tenho tido algum trabalho (nos ultimos dias andei mechendo com essa coisa do processo), durmo, bato-papo com James. Se não recebeste minhas cartas, fica sabendo que estive com Heloisa e ela te manda abraços Na casa da Zora, ontem, encontrei o Squef e o redauer. Acabo de me lembrar que devia ter ido almoçar hoje em casa do Dias da Costa e que me esqueci inteiramente.

Bem, Zezinho, aqui vamos sem nenhuma novidade. Os velhos ainda não sabem quando seguem pois o negocio do qual o velho depende

ainda não se resolveu. Saudades de todos para ti e os meninos.

Beijos meus para João e Paloma, saudades e beijos para ti, amor.

A carta de Jorge Amado segue:

**Rio,
8-6-1952**

ZÉ, QUERIDA: A ESTA CARTA E ESTE BILHETE de Janaina, acrescento toda minha saudade de ti e das crianças.

Estou bastante chateado pois temo que duas cartas que te escrevi esta semana não tenham chegado. Enviei-as para o n.º 948 em vez de 984. Recebeste? Chato se não chegaram às tuas mãos, pois nelas eu te falava de vários assuntos que não interessa que sejam conhecidos de outras pessoas. Caso não tenhas recebido, não seria possível perguntar no n.º 948?

Ontem Zora me telefonou dizendo-me que havia estado contigo. Estive lá com James, à meia-noite, ela e Isabel falaram sobre ti. Disse-me Isabel que vai, amanhã pela manhã, para aí. Agora, após ter ouvido no rádio o jogo paulistas-cariocas (empate que deu o campeonato a vocês, dona campeona), estou te escrevendo este bilhete e, como não saímos a tarde toda, vamos, eu, James e Jana levá-lo a Isabel.

Hoje o Pala veio almoçar aqui, motivo por que não fui ao banho de mar, fiquei conversando com ele. James foi com Jana, meia hora.

Ontem, conferência de imprensa com vários jornais, rádio e televisão. Foi bem. Fui intimado pela segunda vez para depor amanhã. Não irei. Não creio que se passe nada em consequência.

Ainda não sei o dia certo quando irei aí. Mas penso que estarei aí no dia 15 para a posse da diretoria da ABDE.[93]

Só viste teu filho uma vez? E João e Paloma, como vão?

Eu continuo numa vida bastante chatinha. Tenho tido algum trabalho (nos últimos dias andei mexendo com essa coisa do processo), durmo, bato papo com James. Se não recebeste minhas cartas, fica sabendo que estive com Heloisa e ela te manda abraços.

Na casa da Zora, ontem, encontrei o Squeff e o Medauar.[94] Acabo de me lembrar que devia ter ido almoçar hoje em casa do Dias da Costa[95] e me esqueci inteiramente.

Bem, Zezinho, aqui vamos sem nenhuma novidade. Os velhos ainda não sabem quando seguem pois o negócio do qual o velho depende ainda não se resolveu. Saudades de todos para ti e os meninos.

Beijos meus para João e Paloma, saudades e beijos para ti, amor.
Jorge

Dois dias depois, meu pai escreve nova carta, com notícias do processo. Não compareceu à audiência, mas busca tranquilizar minha mãe.

**Rio,
3ª feira, 10-6-952**

ZÉ QUERIDA:

Acabo de receber tua carta de sábado. Já deves ter recebido a minha que a Isabel levou. Conseguiste recuperar as duas anteriores que enviei para o 948?

Aqui, sem novidades. Novamente ontem não compareci à intimação. Os jornais anunciam que serei intimado agora em qualquer parte, porém não o fui ainda. Fica calma, não há nada de grave.

Recebi hoje carta do Laffitte[96] com lembranças para ti.

O trabalho cresce com ainda pequenos resultados. Recebi também carta de Varela e Pablo. Ambos te abraçam.

Creio que fizeste bem em aceitar o bate-papo.

Pena que só tenhas visto teu filho uma vez, espero que resolvas bem a coisa.

Sobre minha ida: É possível que eu vá a SP para a posse da ABDE. Não é certo. Talvez pudéssemos na volta parar no hotel de Itatiaia da Jurema,[97] e ficar uns dois dias descansando. Que pensas disso? Papai e mamãe ainda não sabem quando irão.

Eu estou morto de saudades, bastante chateado porque não estou com nada em ordem ainda. James e Jana vão bem, mandam lembranças. Obrigue a irmã da Fanny a trazer *todos* os quadros, mesmo que tragas tu uma parte. Não dê nenhum. James não quer e não pode alugar o apartamento.

Beije João e Paloma. Confesso que deles eu poderia ficar longe ainda uns tempos. O diabo é que sinto uma falta de ti a todos os momentos e a cada dia maior. Muitas saudades, muitos beijos, meu amor.

Teu Jorge

A luta pela paz estava, naquele momento, focada na Guerra da Coreia. As pressões norte-americanas para que o Brasil enviasse tropas para participar da luta contra a Coreia do Norte resultaram em campanha, por parte dos comunistas, contra a guerra e contra o envio de tropas brasileiras. Com os boatos, que se avolumavam, de que o presidente Dutra pretendia ceder aos apelos norte-americanos e enviar os soldados pedidos, foi feito um grande protesto por ocasião do desfile de 7 de Setembro de 1950.

Começado o desfile, a tecelã e militante comunista Elisa Branco colocou-se à frente dos soldados que marchavam e esticou uma faixa com os dizeres "Os soldados nossos filhos não irão para a Coreia". Elisa foi presa na ocasião e, depois de um julgamento tumultuado, considerada inocente e libertada em setembro de 1951. Esse feito tornou Elisa Branco uma figura muito conhecida no país e no exterior. Em março de 1952 ela participou da Conferência Continental da Paz no Uruguai.

Em dezembro de 1952 realizou-se em Viena o Congresso dos Povos para a Paz, com representantes de 85 países. Elisa Branco foi convidada a participar do Congresso e meu pai recebeu a tarefa de acompanhá-la, juntamente com a atriz Maria Della Costa.

Atravessando o Atlântico para a Europa, meu pai aproveitou para escrever um cartão para mim.* Em março de 1953 meu pai segue para o Chile para botar de pé o Congresso Continental da Cultura. A carta, em papel timbrado do Congresso, vem com o seguinte frontispício: CONGRESSO CONTINENTAL DE LA CULTURA — COMITÉ PREPARATORIO Convocado por GABRIELA MISTRAL[98] BALDOMERO SANIN CANO[99] JOAQUÍN GARCÍA MONJE[100]

Santiago,
30 de março de 1953

QUERIDA: APROVEITO UM MOMENTO de menos barulho neste secretariado que é a coisa mais barulhenta onde já estive metido para escrever-te duas linhas.

Estamos começando a botar o trabalho de pé. Mas, amor, a verdade é que não havia nada, três vezes nada. Estou ficando um pouco louco com tanta coisa por fazer e com a extraordinária capacidade de desorganização e de tanto conversar e de nada fazer dos intelectuais, tanto chilenos como continentais. Fala-se, fala-se, fala-se e de concreto nada. Enfim, com muito esforço, alguma coisa estamos conseguindo. Esse congresso vai sair, mas vai dar muito trabalho. Não vou te contar detalhes, farei quando chegar aí. Penso que estarei toda esta semana e voltarei nos primeiros dias da outra.

E Paloma, como vai? Já ficou inteiramente boa? E João? Os velhos? Vera, está contente, tem te ajudado?

Saí daí preocupado com teu estado de fadiga e de nervosismo. Espero que estejas melhor. Tenho saudades tuas, penso em te escrever uma carta longa, mas me sinto tão cansado que nem imaginas. Em verdade cheguei aqui meio morto de cansaço e penso que se não parar um pouco, muito em breve vou ter uma coisa qualquer. Estou chegando ao limite da fadiga.

Depestre[101] e mulher chegaram aqui no mesmo dia que eu, eles por trem. Estão morando nos arredores, ele vem todo o dia trabalhar aqui, ela só a vi no dia da chegada. Ele está contente. Quanto a mim, entro às 9 aqui no comitê e saio às 12 da noite quando saio cedo. Um trabalho burocrático necessário e difícil de colocar de pé.

Bem, amor, até logo. Sonho contigo e com as crianças. Te amo e tenho saudades. Teu
Jorge

```
CONGRESO CONTINENTAL DE LA CULTURA
         COMITÉ PREPARATORIO
              Convocado por
           GABRIELA MISTRAL
         BALDOMERO SANIN CANO
          JOAQUIN GARCIA MONJE
```

Santiago, 30 de março de 1953.

Querida: aproveito um momento de manhã barulhos neste secretariado que é coisa mais barulhenta, onde já estive metido para escrever-te dois linhas. Estamos começando a botar o trabalho de pé. Mas, amor, a verdade é que não havia nada, tres vezes nada. Estou ficando um pouco louco com tanta coisa por fazer e com a extraordinaria capacidade de desorganisação e de tanto conversar e nada fazer dos intelestuaes, tanto chilenos como continentaes. Fala-se, fala-se, fala-se e de concreto nada. Enfim, com muito esforço, alguma coisa estamos conseguindo. Esse congresso vae sair mas vae dar muito trabalho. Não vou te contar detalhes, farei quando chegar aí. Penso que estarei toda esta semana e voltarei nos primeiros dias da outra.

E Paloma como vae? Já ficou inteiramente boa? E João? Os velhos? Vera, está contente, tem te ajudado?

Saí daí preocupado com teu estado de fadida e de nervosisimo. Espero que estejas melhor. Tenho saudades tuas, penso em te escrever uma carta longa mas me sinto tão cansado que nem imaginas. Em verdade cheguei aqui meio morto de cansaço e penso que se não parar um pouco muito em breve vou ter uma coisa qualquer. Estou chegando ao limite da fadiga.

Depestre e mulher chegaram aqui no mesmo dia que eu, eles por trem. Estão morando nos arredores, ele vem todo o dia trabalhar aqui, ela só a vi no dia da chegada. Ele está contente. Quanto a mim, entro ás 9 aqui no comité e saio ás 12 da noite quando saio cedo. Um trabalho burocratico necessario e dificil de colocar de pé.

Bem, amor, até logo. Sonho comtigo e com as creanças. Te amor e tenho saudades. Teu

Jorge

Sempre envolvido na luta pela paz, meu pai foi a Viena participar da reunião do Movimento Antifascista para a Paz. Da Áustria seguiria para a Tchecoeslováquia para cuidar do Conselho Mundial da Paz.

Viena, 11-outubro-1953

ZÉLIA:

  aproveito o Volódia[102] que deve partir para aí daqui dentro de 2 ou 3 dias. Eu sigo hoje para Praga, pois a reunião terminou ontem. Os assuntos com o Conselho Mundial me tomarão umas semanas em Praga, não sei que tempo me tomarão os outros assuntos, só ali saberei e telegrafarei caso seja coisa de demora. Caso resolva tudo em Praga em uma semana, irei a Berlim (se consigo visa) e talvez a Varsóvia. Nesse caso devo estar aí no fim do mês, primeiros dias de outubro, no máximo. Caso volte diretamente de Praga, estarei aí em uns 15 dias.

Espero que as crianças estejam bem, os velhos e Vera. Não sei se estarás aí ou na Bahia à chegada do Volódia. Ele dará notícias de como correu a reunião.

Beijos para o João e a Paloma, abraços para os velhos e para Vera.

Espero que estejas bem de saúde e estou certo que estás contente. A mulher de Ilya[103] mandou por este um pequeno presente para ti mas um troço que já tens.

Sem outro assunto, muitas felicidades te deseja

o Jorge

Ainda como parte de seu trabalho no Conselho Mundial da Paz, viaja em 1954 para Viena, Berlim e Estocolmo.

**Viena,
23-5-1954**

ZÉ: CHEGAMOS AQUI A 20, TRASANTEONTEM, quinta-feira às 9 de noite, depois de boa viagem. E só amanhã, segunda, sairemos pela manhã para Berlim, pois a reunião do Conselho só começa terça-feira, 25 e a do bureau será amanhã no fim da tarde. No mesmo avião que nós deve ir Ilya que está em Paris (imagina sua alegria!) e chegará a Praga pela manhã. Todo o pessoal do Conselho está em Berlim, tendo os últimos seguido 6ª feira por trem ou avião. Não nos deu tempo, devido ao visto, de alcançar o avião de 6ª e só amanhã há avião. Aqui só estão Robert, Elisabeth (que esteve doente e não está trabalhando) e a esposa do José Eduardo que espera criança nos últimos dias do mês ou nos 1ºˢ de junho. E Serevei que chegou ontem e viaja amanhã conosco.

Contra toda a minha expectativa não encontrei dinheiro em meu editor austríaco.

Como vai tua saúde? E as crianças? Continuo preocupado por te haver deixado doente.

Ainda não sei nada sobre minha volta, mas é bem possível que eu volte imediatamente após a reunião do Conselho, ou seja, nos 1ºˢ dias de junho. Caso não volte logo, te escreverei e mandarei algumas coisas por Baxbaum.[104]

Abraços para papai e mamãe, carinhos para João e Paloma e para ti toda a saudade e a ternura do teu

Jorge

Uma semana depois, nova carta.

**Berlim,
29/5/1954**

ZÉ QUERIDA:

Ontem terminou o Conselho, trabalhei um bocado, sigo 2ª para Viena, onde estarei até a época do Encontro (19 de julho) em Estocolmo de onde partirei de volta devendo estar aí nos fins de junho.

Sinto imensa falta de ti e das crianças. Aqui vi nossos bons amigos Ilya, Nazim,[105] Anna [*Seghers*], Emi,[106] Hermeline, Hyme etc., todos falam de ti e te recordam com carinho.

O Bax leva uma boneca que o Mov. da Paz daqui me deu e uma bandeja que comprei para nós. Tenho algumas coisas para ti e pras crianças que levarei. O [*ilegível*] saiu daqui pra Polônia, agora espero notícias de lá. Vou te passar um telegrama com o meu endereço em Viena, manda-me notícias urgentes inclusive sobre a repercussão do livro. De Viena te escreverei longamente.

Beija as crianças por mim, abraça os velhos e os manos e recebe toda a saudade e todo o carinho do teu

Jorge

A foto de Pupsik que Emi trouxe para Paloma e que justifica o bilhete de meu pai era resultado do "noivado" combinado entre meus pais e Emi e Eva Siao, pais de Pupsik. Em *Navegação de Cabotagem* esse noivado é explicado: "Ho-Ping, dito Pupsik, nasceu em Praga, alguns meses antes de Paloma: pais bobocas, inventávamos no Castelo dos Escritores futuro noivado entre os dois infantes". Minha mãe, em *A Casa do Rio Vermelho*, também se refere ao noivado:

> *Conhecêramos Ho-Ping ainda bebê, na Tchecoeslováquia, no Castelo de Dobris, onde vivemos dois anos, exilados. Ho-Ping era filho de Eva Siao, fotógrafa alemã, e do poeta Emi-Siao, na ocasião representante da China no Conselho Mundial da Paz, na Thecoeslováquia. Nessa ocasião, nascia Paloma e nos divertíamos combinando um casamento do Ho-Ping, o Pupsik, como era chamado pela mãe, com a nossa Palomita.*

Viena,
2 de junho de 1954

QUERIDA:

eu te escrevi ontem e enviei uma foto da filha de Ibika que ela me deu quando de minha demora de duas horas em Praga. Porém esqueci de te mandar uma foto de Pupsik[107] que Emi trouxe para Paloma. Aproveito o pretexto para te fazer essas linhas. E junto também uma carta que peço entregares ao Alberto. Ela é dirigida à Editorial Vitória mas peço que entregues em mão ao Alberto.

Vou sem maiores novidades, ainda bastante cansado. Estou achando difícil ir à Polônia, pois aqui se acumula bastante trabalho para ser feito em poucos dias. Em todo caso ainda não tomei uma decisão a respeito.

Ontem, no fim da tarde, fui com Varela e esposa (que está, aliás, bastante enferma, ou melhor, convalescente de grave enfermidade) ver sombrinha e bolsa de noite para ti e a infernal e inexistente cafeteira térmica que já me fizera andar como um louco em Berlim. Tampouco aqui não existe.

Beijos e saudades para as crianças e os velhos.
Abraços para James e Joelson. Para ti toda a saudade do
Jorge

Na carta a seguir, por três vezes meu pai evita referir-se nominalmente
à União Soviética. Na primeira vez fala no convite "de Ilya e dos seus
patrícios de ir esperar a data de Estocolmo em sua terra". Pouco adiante
diz: "Estou igualmente convidado a vir em novembro à terra de Ilya para
o Congresso dos Escritores de lá". Finalmente mostra seu apreço por
"aquelas pessoas a cuja opinião eu dou importância. A gente da terra
de Ilya".

Após a publicação de Os Subterrâneos da Liberdade, romance escrito
dentro dos cânones do realismo socialista, a imprensa brasileira ficou si-
lente ou passou a atacar o livro e a desancar o escritor. Exemplo é o artigo
de Hermínio Sachetta publicado no jornal de Carlos Lacerda, Tribuna da
Imprensa. Existe no romance um personagem de nome Abelardo Saquila,
mostrado como renegado e traidor, que muitas vezes é identificado com
o autor do artigo, expulso do Partido sob a acusação de trotskista.

Segundo meu pai, mesmo quando buscava retratar alguém como
personagem de romance — e isso ele fez durante toda a sua carreira de
escritor, com muitos amigos —, o personagem adquiria vida própria e
se afastava do modelo. Era impossível dizer que algum personagem era
esta ou aquela pessoa, mesmo que o escritor assim o quisesse.

O artigo acusa o escritor de stalinista e de escrever o romance uti-
lizando-se da estética de Jdánov. Tem razão nessas duas questões. O
escritor nunca negou ter sido stalinista e o romance vê o movimento
operário no Brasil da época de uma perspectiva romântica. Aquilo que
o autor gostaria que fosse se distanciava da realidade. A partir dessa
crítica, o que segue são insultos. Chama o autor de desonesto, semia-
nalfabeto, e suas obras são consideradas subliteratura posta a serviço
do MVD — a polícia secreta soviética.

Na carta, meu pai informa não estar nem um pouco preocupado
com essas críticas e recomenda à minha mãe que também não se preo-
cupe com isso. Tenta também apaziguar sua amargura por não estar

em sua companhia nessa viagem, acenando com viagens próximas a serem feitas pelo casal.

**Viena,
8 de junho de 1954.**

ZEZINHO, MEU AMOR:
  acabo de receber tua carta de 31 (pelo carimbo vejo que foi posta no correio dia 2, ou seja, levou seis dias a chegar) e sinto-me preocupado com tua saúde. Espero que já estejas completamente boa. De qualquer maneira, caso seja necessário continuares um tratamento, quero te dar minha opinião. Penso que deves procurar o Fabião, mesmo pagando. O tal médico da ilha não me deu boa impressão sob nenhum aspecto. E tu sabes que dificilmente me engano nessas coisas, ou seja, a respeito das pessoas. Apesar de que é um assunto antes de tudo teu, pois é tua saúde que está em jogo, gostaria que considerasses o fato de poderes te tratar com um médico de reputação clínica indiscutível e não um cara que nem lava as mãos antes de efetuar um trabalho delicado. Espero, porém, que já estejas restabelecida.
  Quanto a não viajares comigo acho que estás um pouco amargada sem razão. Não vieste desta vez porque eu próprio não sabia se viria para demorar ou não. Só aqui encontrei uma decisão nesse sentido. E mesmo assim não creio que tal viagem pudesse te interessar: 3 dias estúpidos em Viena, batendo perna com o desembargador[108] e dona Branca, 8 dias de reunião em Berlim e agora 15 ou 16 dias nessa cidade intragável de Viena outra vez, por fim 5 dias de reunião em Estocolmo. Para mim as únicas horas que não são chatas são as que passo trabalhando, ou seja, de 8 da manhã às 5 da tarde, que é o horário, mas que em geral se prolonga até às 7. Depois como e me meto no hotel ou bato um papo em casa do Ivan. Há muito trabalho a fazer e tu vês que nem mesmo me foi possível ir à Polônia, onde estava convidado para o Congresso dos Escritores poloneses que começou

ontem. E, pior que isso, não pude aceitar o repetido convite de Ilya
e dos seus patrícios de ir esperar a data de Estocolmo em sua terra.
Porém espero que possas viajar e muito comigo. De início, caso vá
ao Chile, penso que deves ir comigo. Só não irás se não quiseres. Eu,
como sabes, só irei se o pessoal achar necessário. Pessoalmente não
tenho interesse e tu sabes por quê. No entanto, como parece certo
irem amigos dessas bandas, Ilya inclusive, talvez seja justo e necessário eu ir. É claro que, nesse caso, meu desejo é que vás comigo. E
só aceitarei ir contigo. A não ser, é claro, que não queiras ir. Estou
igualmente convidado a vir em novembro à terra de Ilya para o Congresso dos Escritores de lá. Ao que eles dizem fui mesmo o primeiro
convidado. É claro igualmente que desejo que venhas. Aliás, penso
em viajarmos de navio para fazer a viagem mais barata. Como vês, ao
contrário do que tu pensas, eu creio que tens muito a viajar comigo.
Sobretudo porque eu não topo mais essa situação: de passar a maior
parte do ano longe de ti. Já se torna realmente impossível para mim
ficar distante de ti. Fico sem saber que fazer. À proporção que o tempo passa eu estou cada vez mais agarrado contigo, cada vez mais apaixonado por ti. E menos correspondido. Mas isso já é outro problema.

Quanto ao meu livro, não me estranha nada nem o silêncio da
imprensa, nem o desinteresse da Independência, nem os boatos dos
amigos das rodinhas de futrica. Nem me estranha nem me afeta.
Toda essa gente, tenho te dito muitas vezes, não me tolera e a coisa
que mais desejariam ver era eu me afundar. A imprensa tu sabes que
é coisa velha. A Independência queria que Martins pagasse as festas
que eles fizessem e quanto aos "disse que disse" tu sabes que não sou
simpatizado por essa canalha sem caráter que nos rodeia. Eu sei o que
o livro vale e o que pensam dele aquelas pessoas a cuja opinião eu dou
importância. A gente da terra de Ilya e basta-me com o sucesso que
as edições polaca e tcheca estão tendo. O resto nem me preocupa. E
tu não deves tampouco te preocupar nem um momento por isso.

Pedi o manuscrito ao Ilya, ele vai me dar em Estocolmo. Nazim
ficou de me dar em Varsóvia (onde estará por uns dias), mas como
não fui a Varsóvia... Em todo caso é possível que ele vá a Estocolmo.

Pena que não tenhas avisado antes sobre o cobertor para a Paloma, lençóis, fronhas etc., pois teria comprado em Berlim. Não tenho dinheiro aqui, enfim verei o que será possível fazer.

Creio que fizeste bem em mandar a Arlinda embora, ela não prestava mesmo. Deves é arranjar logo outra senão vais morrer de cansaço. Deves estar te rebentando com a festa da casa do Bulhões.[109] Eu só te peço que faças atenção à tua saúde.

Grandes abraços para os velhos, beijos para João, Paloma, Janaina, abraços para James, Joelson e consortes. Caso James ainda esteja visível diz-lhe que recebi a carta dele e que não lhe respondi por não saber se ele ainda se encontrava aí. Mas que escrevi uma carta ao Riva colocando uns quantos problemas culturais.

Um abraço, querida minha, toda a imensa saudade. Daria tudo para estar agora um momento contigo. Até logo, o teu

Jorge

Termina o Encontro da Paz em Estocolmo e meu pai se prepara para voltar ao Brasil. Mais uma vez, refere-se à terra de Ilya em lugar de União Soviética.

Estocolmo/Suécia
21-6-54 – 2ª feira

ZÉ, MEU AMOR:

amanhã é dia de avião para aí, assim eu espero que essa carta deva estar em tuas mãos 6ª feira no máximo. É para te dizer que saio daqui no sábado próximo — o primeiro avião depois do fim do Encontro, que será no dia 23. Assim chegarei aí domingo 27, às 4h40 da tarde.

Comigo irão o Felicíssimo e o Eusébio, pois o bispo ficará em Recife e o Cavalcanti volta à terra de Ilya. Avise tudo isso ao Pita e diga-lhe para estar presente e levar o Joffily[110] e o Roberto por via das dúvidas.

Espero que tenhas recebido uma carta anterior minha daqui, as diversas que te escrevi da Áustria e que o Squeff[111] tenha te entregue também uma outra.

Fora o cansaço que é muito, estou sem novidades: cada vez mais saudades de ti e das crianças. Também dos velhos.

Aqui faz calor, dias bonitos. As noites é que são prodigiosas, pois não existem. É a época das *noites brancas* ou do *sol da meia-noite*. É sempre claro como dia. Espetáculo que vale a pena ver.

Todos os amigos te recordam.

Abraços para os velhos e os manos. Beijos para as crianças. Toda a saudade e todo o amor do teu

Jorge

O aniversário de dez anos de relacionamento entre meus pais os encontra separados. Minha mãe ficara no Brasil enquanto meu pai viajou para a Finlândia, onde aconteceria a Assembleia Mundial de Forças Pacíficas e depois Polônia e Áustria.

Helsinque, 6/7/55

MEU AMOR:

Ainda aqui, esperando condução para a Polônia. Devo partir amanhã. De toda a Assembleia ficamos como resto aqui umas 20 pessoas cujo destino imediato é Varsóvia. Dessas, 5 são brasileiros: eu, Stelinha[112] e Gaya,[113] Roberto Braga e a esposa. Todos os demais já partiram para Moscou, China, Rumânia, Bulgária, Viena, Paris ou Brasil.

Os dois Bragas irão comigo amanhã. Stelinha e Gaya, depois de amanhã. Aqui não estamos no mesmo hotel, mas eu os vejo diariamente na hora de almoço e jantar (se se pode chamar de almoço e jantar a essa infame comida). Com Gaya e os Bragas, jogamos canastra, à tarde. Fora disso, ando na rua, espio as vitrines e, sobretudo durmo. Durmo de 12 a 15 horas por dia, o que é bom.

No dia do teu aniversário te comprei um presente. Amanhã te comprarei um de aniversário de casamento. Já o escolhi, não sei se vais gostar.

Após o nervosismo da Assembleia, agora com os nervos relaxados, espero ansioso o momento de chegar em casa, de te ver e aos meninos. Estarei em Varsóvia o menos possível. De lá, Viena. E entre 15 e 20, no Rio.

Abraça os velhos por mim. James, Joelson e famílias respectivas. Beija as crianças com todo o carinho e toda a saudade.

Lastimo no fundo da alma não estar contigo no nosso 10º aniversário. Mas o comemoraremos quando eu chegar.

Toda a saudade, toda a ternura e todo o amor de quem te deve dez anos de alegria e felicidade.
Teu
Jorge

Terminados os compromissos, meu pai prepara a volta ao Rio.

**Varsóvia,
14, julho, 1955**

MEU AMOR QUERIDO:
Aqui estou, esperando resposta às coisas que coloquei. Não creio que possa sair daqui antes de domingo, 17. O pior é que não há lugar nos aviões e tenho que ir de trem, uma viagem de uma noite e um dia. Espero estar em Viena o menos possível e chegar logo, logo aí.

Aqui encontrei Demóstenes e Henda, essa gordíssima. Estão com o filhinho que é uma bela criança. Estou agora na dependência da resposta das editoras, prometida para amanhã. Vamos ver. Nunca me senti com tanta vontade de chegar em casa. Não suporto mais estar longe de ti e das crianças. Ao demais, não recebi nenhuma notícia tua desde que saí e sinto-me inquieto, sobretudo em relação à saúde de vocês. Sonhei uma noite dessas com Paloma, um sonho ruim e passei um dia depois muito desagradável sem poder libertar-me da impressão. Estou louco para chegar e ver-te e ver as crianças e os velhos.

Roberto Braga, esposa, Stelinha e Gaya viajam pelo país. Vieram comigo mas de Gdansk seguiram diretamente para uma excursão. Soube aqui notícias de Lídia, que está excursionando com um teatro de variedades: casou-se com um advogado.

A máquina com que estou escrevendo é do Gruda, um pouco melhor do que a do Wolney, com que escrevi de Helsinque. O Bux te entregou as cartas que mandei por ele?

Peço-te entregares a carta junto a Alina Paim[114] ou fazeres chegar a ela. Junto uma carta de Misette que recebi em Helsinque. Estou louco para ter notícias tuas e, sobretudo, para chegar em casa e poder te dizer pessoalmente quanto sinto a tua falta, como já não sei viver longe de ti.

Beija as crianças, abraça papai e mamãe e recebe todo o carinho e toda a saudade do teu

Jorge

O bilhete para tio James apenas encaminha uma carta para minha mãe. Na carta, mostra preocupação por uma rusga entre ela e meu avô João.

17/10/1955

JAMES:

aqui estou sem maiores novidades exceto uma gripe miserável que me põe chato e me faz invejar o calor carioca. Junto uma carta que peço entregares à Zélia. Uma visita a Gisela,[115] beijos para os sobrinhos e um abraço amigo do irmão

Jorge

Viena,
17 de outubro de 1955

ZÉ, MEU AMOR:

hoje chegou tua carta de 12. Não fazes referência à que te escrevi de Dakar. Será que não recebeste? Daqui já te escrevi uma, há 3 dias. Espero que chegue às tuas mãos.

Tua carta encheu-me, de um lado, de saudades ainda maiores de ti e das crianças e estou passando mesmo um dia bastante abafado com o desejo de estar a teu lado e dos meus filhos. Por outro lado, chatearam-me bastante as notícias sobre o Diogo e a peleja froteana. Os meus editores creem que devo demorar-me mais uns dias para estar presente ao lançamento de uma edição do *Terras do Sem-Fim*. Penso que é o melhor. De qualquer maneira ainda estou estudando o assunto ao mesmo tempo que busco reservar passagem em avião. Amanhã devo saber o dia exato em que viajarei e voltarei a te escrever.

Peço-te que me envies notícias endereçadas a Zenaide Morais no mesmo endereço. O mesmo pede o Zé Artur para ele, devendo tu dizeres isso à Dayse. Caso creias, por volta de uma semana, que devo demorar-me mais, manda um telegrama à Zenaide. Caso contrário não necessita nada.

É chato que estejas braba com papai. Espero que as pazes estejam feitas antes de que eu chegue.

Estou com uma das maiores gripes de minha vida e o clima nesse começo de outono é chato: modifica vinte vezes no dia. Comprei mala nova, a velha descoseu completamente de um lado.

Ao voltar espero poder dedicar a escrever meu novo livro. Creio que já se me torna quase impossível deixá-lo de lado.

Bem, meu amor, creia que eu daria muito e muito para estar a teu lado hoje e para ver as crianças. Abrace papai e mamãe, Joelson, James e cunhadas e sobrinhos. Para ti todo o carinho e toda a saudade do teu

Jorge

Em 1956 surgiu o *Paratodos*, jornal quinzenal de cultura, dirigido por Jorge Amado e Oscar Niemeyer. Lutando contra a dificuldade de obter publicidade e assinaturas que permitissem ao jornal se manter, ficou resolvido, em 1957, que seria criado um suplemento sobre as manifestações culturais dos estados brasileiros, a cada número do *Paratodos* um estado seria escolhido.

Zélia Gattai ficou encarregada de obter as matérias para o suplemento e, principalmente, o dinheiro correspondente nos estados de Goiás, Pernambuco e Ceará. A carta que segue foi escrita por Jorge Amado (com adendos meus e de Paloma) por ocasião dessa viagem.

Rio,
20, sexta-feira

ZEZINHO, QUERIDA:

Recebi tua carta pelo Pelópidas[116] com quem vou almoçar hoje. Tudo em ordem aqui. Ótima tua viagem como resultados. Magníficos. Estás de parabéns. O jornal[117] saiu ontem e por Pelópidas mando-te exemplares.

As crianças muito bem. João passou de ano com nota [*a nota está riscada e acima dela está manuscrito "surpresa" por João*], Janaina idem, foi a segunda da classe, nota 85. Paloma considera-se aprovada com 100. Em vista do que ontem cometi a loucura de convidá-los a almoçar em restaurante e sair após de compras. Saíram comigo às 9 da manhã, os três, e regressamos à noite. Entre as diversas aventuras, perdi a carteira com dinheiro e talão de cheques [*acima está manuscrito "e voltei a encontrar"*], o almoço foi uma odisseia e a compra de uma árvore de Natal numa casa de brinquedos, na rua do Ouvidor, uma batalha campal. Mas tudo muito feliz, alegre, eles estavam contentíssimos e eu também com a alegria deles.

Os velhos vão bem. Almoço em casa de James, lanche aqui à noite. Roberta[118] viajou dia 16, garantiu voltar.

Tive muito trabalho com o último número do jornal, agora já estou mais livre, ainda, porém, resolvendo alguns problemas. Espero que, logo após o Natal, possamos passar uns dias com as crianças em Petrópolis. Todos te esperamos ansiosos, queremos estar juntos contigo no Natal, bem alegres e contentes. Com as crianças, à noite, quando conversamos longo, já fizemos grandes planos. Mas devem ser conservados em segredo para ti.

Todos aqui te mandam abraços. Os velhos, as crianças, o pessoal do jornal. Eu agora vou sair correndo para alcançar Pelópidas e Alcedo[119] no hotel, na hora marcada.

Abraços para todos daí: Zéotávio, Paulo Cavalcanti[120] etc. Recomende-me à senhora de Pelópidas e agradeça, em meu nome, a ela, as atenções para comigo. Mandei telegrama ao Banward.[121]

Saudades mil e beijos enquanto te espero ansioso.

Jorge

Na margem dessa carta havia um bilhete escrito por mim. Hoje fico imaginando o que significavam os seis pontos de exclamação depois da assinatura.

CARA MAMÃE

Eu estou com muitas saudades. Venha o quanto antes. Temos uma surpresa para você sem ser a nota com que eu passei que eu risquei da carta do papai.

Saudades do seu saudoso e estimado filho

João Jorge Amado!!!!!!

No verso, um bilhete ditado pela Paloma. De punho próprio, apenas um desenho e a assinatura.

QUERIDA MAMÃE (DITA A PALÉ) Estou com muitas saudades. Venha depressa. Tenho 3 surpresas para você. Espero que venha logo.

Um beijo da sua querida filha

Paloma Jorge Amado

Entre as cartas que Zélia guardou, encontro um ditado que, em 1957, ela me obrigou a fazer. Eu havia quebrado um brinquedo que ganhara (realmente não consigo lembrar-me qual foi) e, como punição, tive que escrever as palavras que ela me ditava, alusivas à minha capacidade de quebrar tudo.

Achei a punição exagerada. Como se já não bastasse ficar com o brinquedo quebrado, escrever, com minha letra, aquelas palavras que me incriminavam pareceu-me uma confissão indevida de culpa.

A solução que encontrei foi escrever o que me era ditado, acrescentando ressalvas onde achava pertinente. As ressalvas vinham entre parênteses. O resultado foi o texto que se segue:

TENHO QUASE 10 ANOS. Infelizmente (principalmente para minha mãe) sou bastante estabanado (errado) e inimigo carnal do desmazelo. Se eu fosse mais atencioso (mais é impossível) e cuidadoso poderia ter os brinquedos mais lindos que fariam inveja às crianças mais abastadas.

Poderia ser o 1º da classe (e quase sou). Todos os brinquedos que já ganhei de meus pais trazidos de vários países da Europa foram destruídos (quase nem um). Isso não quer dizer que eu seja um mau menino (única coisa certa até agora) eu até tenho bons sentimentos, é uma pena eu não ter força de vontade bastante para me corrigir (errado). Será que não farei uma forcinha nesse sentido?

Volta e meia meu pai dava flores à minha mãe, não era preciso, para isso, nenhuma ocasião especial. Ela conta, em entrevista à *Folha*, que

> *Um dia, Jorge Amado me convidou para ir a um jantar em homenagem ao poeta Pablo Neruda. Após a confraternização, ele foi levar o Neruda ao hotel e me deu uma carona. Jorge nunca dirigiu na vida, então fomos de táxi. Em frente ao Teatro Municipal de São Paulo, ele pediu para o motorista parar o táxi e*

comprou uma lata enorme cheia de cravos vermelhos e os atirou em mim. Tomei um banho de cravos, dos pés à cabeça, fiquei toda molhada. Esse foi o começo de uma vida em comum que durou 56 anos.

Esta história ficou marcada na memória do poeta chileno que, quando a encontrava, perguntava: "*E los claveles en la madrugada?*". Este cartão acompanhava flores:

> De um velho
> namorado
> 12-julho-/68.

O jornalista João Falcão, companheiro do Partido e de luta contra o Estado Novo, estava inaugurando seu jornal, o *Jornal da Bahia*. Convidou meu pai para a inauguração. Aproveitou a ida à Bahia para buscar, junto ao governador Antônio Balbino, recursos para o quinzenário *Paratodos*.

Bahia,
sábado, 20

ZÉ, ESTOU TE ESCREVENDO DA REDAÇÃO do jornal[122] do João[123] no momento mesmo da inauguração oficial do jornal com cardeal, autoridades e gente muita presente. Fui a Maragogipe e Cachoeira ontem e voltei hoje por exigência de João para assistir a esta cerimônia. Amanhã vou a Feira, mas penso voltar terça para falar com o reitor da Universidade sobre *Paratodos*.

Estive com Balbino,[124] nada é possível antes de 3 de outubro. Depois, sim. O mesmo é válido para institutos e prefeitura. Peço que digas isso a James e Bulhões. João garante pagar os 5 mil antes de minha volta. Mas ainda não pagou.

No mais, tudo em ordem. Tenho visto alguma coisa e creio que a estadia aqui está sendo muito útil no sentido de uma volta a ambientes e temas que foram sempre os meus.

E as crianças? Beijos para elas, abraços para James, Luiza e os meninos deles, abraços para os velhos quando chegarem e para ti os beijos e as saudades de teu, sempre teu

Jorge

Ao medo que meu pai tinha de voar, minha mãe respondia com uma imensa coragem. Se essa coragem era verdadeira ou se falava apenas para tranquilizá-lo, eu nunca soube. Conta que certa feita, entrando o casal num pequeno avião (o medo de pequenos aviões era maior que o de aviões grandes), notando o pavor dele, e para diminuir seus temores disse: "Está vendo o motor do avião? É um Rolls Royce, o melhor motor do mundo!". Passado certo tempo de voo, meu pai, que estava sentado junto à janela, chamou sua atenção: "Sabe aquele seu motor, o melhor motor do mundo? Está pegando fogo!". De fato estava e o avião teve que pousar com um motor a menos.

O voo a que essa carta se refere é outro, quando minha mãe viajou num Curtiss Commando C-46, da Paraense. A empresa era conhecida pela pouca segurança, e todos os oito C-46 adquiridos entre 57 e 58 sofreram acidentes até 1965. Mesmo sem acidentes, o voo no Curtiss Commando era muito desconfortável, o aparelho e seus passageiros sofriam com qualquer turbulência.

Bahia, sabado,20

Zé, estou te escrevendo da redação do jornal do João no momento mesmo da inauguração oficial do jornal com cardeal,autori-
dades e gente muita presente. Fui a Maragogipe e Cachoeira
ontem e voltei hoje por exigencia de João para assistir a esta
cerimonia. Amanhãe vou para Feira mas penso voltar terça para
falar com o reitor da Universidade sobre Para Todos.
Estive com Balbino, nada é possivel antes de 3 de outubro.De-
pois,sim. O mesmo é valido para institutos e prefeitura.
Peço que digas isso a James e Bulhões. João garante pagar os
5 mil antes de minha volta. Mas ainda não pagou.
No mais , tudo em ordem. Tenho visto alguma coisa e creio
que a estadia aqui está sendo muito util no sentido de uma
volta a ambientes e temas que foram sempre os meus.
E as crianças ? Beijos para elas, abraços para James ,Luizta
e os meninos deles, abraços para os velhos quando chegarem
e para ti os beijos e as saudades do teu ,sempre teu

Tendo resolvido voar pela Paraense, que tinha as menores tarifas, minha mãe demonstrava sua coragem. Meu pai morria de medo dessas viagens de Zélia, mas não dizia nada. Depois do voo, com ela em segurança, voltava a seu humor e conseguia ser irônico e perguntar como tinha sido a viagem pela Paraense.

**Fortaleza,
19/10/58**

ZÉ, QUERIDA:

Aproveito o Mauritônio[125] para te levar este bilhete. Aqui, tudo em ordem. 2ª feira, tarde de autógrafos (sem haver nem mais um exemplar de *Gabriela* na praça, apenas esperanças de que cheguem amanhã. As remessas anteriores, esgotadas).

Estou tratando de receber os dinheiros de P.J. Já recebi da Caixa Econômica. Promessas de receber os outros entre 2ª e 4ª. Junto a esta umas fórmulas que Bulhões deve mandar para mim em Recife (por intermédio de Paulo Cavalcanti — ou para o Hotel da Bahia, se demorar, o que, aliás, é mais concreto) para eu enviar de volta, assinadas por mim, ao diretor de pavimentação da DAER, que talvez me pague sem isso, mas com o compromisso de eu remeter isso a ele. Não precisa selar (tenho os selos estaduais aqui), nem datar.

Daqui talvez eu vá, aproveitando convite de um amigo do Banward, a Canindé e sertão das secas, antes de seguir de auto para Recife. Te telegrafarei ao sair para Recife ou ao chegar lá.

Aqui o pessoal é encantador. Ficamos num hotel na praia, num único quarto, e comemos com escritores e amigos. Stela está bem, amanhã almoçarei com eles.

Como vai o caso da novela policial? Seria ótimo se viesses à Bahia no começo de novembro com Zora, assim não teria que voltar ao Rio no fim do mês.

As crianças, como vão? Os velhos? Saudades para todos, abraços para Misette. Como foi a viagem na "Paraense"?[126]

Muitas saudades para ti e para as crianças, minha querida, e todo o carinho do teu

Jorge

O carnaval da vitória a que meu pai se refere foi uma grande festa, ocorrida em Recife, em comemoração pela vitória de Cid Sampaio, que acabara de se eleger governador de Pernambuco. A festa foi animada pelo frevo de Nelson Ferreira, "O Bloco da Vitória". Curioso jogo de palavras na letra desse frevo permite que a frase "Quando o povo decide cair na frevança" seja entendida como "Quando o povo de Cid cair na frevança". Nossa ligação com Pernambuco aumentava. Durante alguns anos, entre 59 e 62, passamos as férias de verão em Recife, entre o sítio de Ruy Antunes e a casa de praia de Paulo Loureiro em Maria Farinha. A piscina "relativamente perto" do sítio de Ruy ficava, na verdade, a 8 quilômetros, que eu, Paloma e os filhos mais velhos de Ruy tínhamos que fazer de bicicleta. De raro em raro, Ruy nos levava em seu velho Land Rover, relíquia da Segunda Guerra. Meu pai nos levou também ao interior de Pernambuco. Passamos parte de uma das férias em Garanhuns, onde, na feira, provei pela primeira (e única) vez, bunda de tanajura assada, sabor adocicado, um tanto enjoativo.

Recife, 24/10/58

ZÉ, QUERIDA:

Andei vendo o sertão do Ceará em seca, terrível. Se não chover não sei o que sucederá. Aqui, em Recife, há a euforia da vitória. Pelópidas, Marilu, Paulo,[127] Josué (que vão todos domingo para aí, à exceção de Paulo) vibram. Amanhã será o carnaval da vitória. E entre o povo existe uma sensação de triunfo, curiosa. O próprio Gilberto Freyre[128] (que não votou para governador e vice) elogia a campanha.

Visitei o sítio de Ruy[129] (que hoje amanheceu doente) e gostei muito. É bonito, muita fruta, confortável, e ele, mulher e filho estão nas férias. Combinei que viríamos. Tem uma piscina relativamente perto, tem vacas, campo largo. Penso que gostarás.

Estou vendo se vou para a Bahia de auto. Não me decido (devido ao calor) a ir de ônibus (o Gregório vai amanhã de ônibus). Se arranjar alguém que vá de carro, irei, senão de avião.

Demorarei na Bahia poucos dias, se não vieres com Zora. Se vieres te esperarei para assistir às festas de Senhora.[130]

Tenho visto e ouvido coisas ótimas. Ando arquitetando outra ideia de livro. Devido a uma história cearense. Mas disto falarei pessoalmente.

Fortaleza, como cidade, sobretudo clima, é bem mais agradável que Recife. Stela te envia um presente. Espero encontrar na Bahia notícias tuas e das crianças. As saudades são grandes e meu desejo seria estar com vocês no Nordeste, comendo sapoti e bebendo água de coco.

Saudades para os velhos, abraços para Misette, beijos para as crianças e muitos e muitos para ti, com todo o carinho e amor do teu
Jorge

Mais uma vez meu pai tenta aplacar os ciúmes de dona Zélia. Dessa vez trata-se da tradutora, para o francês, do *Jubiabá*, escolhida por Seghers, o editor. Se por um lado meu pai não interferiu na escolha da tradutora, mantém-se intransigente quando o editor propõe cortes no livro para adequá-lo ao público leitor francês.

**Recife,
8/7/59**

ZÉLIA, VOU SAIR DAQUI A POUQUINHO para Campina Grande. De auto, com Carlos Pena.[131] — O Gomes, da editora, mandou-me trazer um pacote de livros para eu levar e, junto com ele, uma carta tua, datada de domingo e hoje chegada.

Tu estás zangada, sem razão. Eu não tenho a menor responsabilidade na escolha da tradutora de *Jubiabá* para o francês. Foi escolha do Seghers,[132] sem nenhuma recomendação minha e tu sabes disto. Por consequência, tua zanga apenas me chateia, pois não sei ficar alegre quando te sei triste. Quanto aos cortes no texto do livro, venho de escrever — agorinha mesmo — uma carta ao Seghers dizendo que não aceito corte de espécie alguma, nem de uma palavra sequer. Que prefiro que o livro não saia, a que sofra qualquer mutilação em seu texto.

Aqui, tudo bem. Estarei na Paraíba o fim da semana. Há projetos ótimos: o sogro do Carlos Pena, fabuloso tipo, quer me levar a comer uma buchada na próxima semana na usina dele. Por que tu não vens? Com ou sem as crianças? Toma um avião, avisa o dia da chegada e vem. Se não o fizer, demorarei menos. Tem sido bem proveitosa a viagem no que se refere ao romance. Esse sogro de Berrito, por exemplo, contou-me histórias magníficas. Começo a sentir o romance amadurecendo.

Por falar em história, vou te contar uma: ontem jantávamos, à noite, no Leite: Paulo e Dóris, Berrito e Tânia,[133] eu. Chegamos para jantar mais de 9 e meia. Pouca gente no restaurante. No outro extremo da sala, numa mesa grande, jantava uma família. Dessa mesa saíram duas meninas, de uns dez ou onze anos, e vieram me pedir um autógrafo num caderno de notas. Dei o autógrafo e cumprimentei, com a cabeça, o pessoal da mesa. Pai e mãe das crianças. Muito bem. Jantamos lauta e esplendidamente. Boa comida e refrescos de mangaba e cajá. Sobremesa, café. A família da outra mesa retirava-se já, nós nem notamos quando saíram. Chamamos o garçom para pagar, mas em vez da conta, ele trouxe uma garrafa de champanhe Viúva Clicquot, francesa legítima, serviu-nos declarando que o jantar nosso estava pago, incluindo champanhe, conhaque e licores e tudo o mais que quiséssemos pelo doutor José Paulo Cavalcanti, meu leitor e pai das duas meninazinhas. Diante de que, Paulo e Dóris,[134] logo acompanhados por Tânia e Carlos Pena, puseram-se a cantar o hino de Pernambuco.

Creio, querida, minha bem-amada, que, em lugar de ficares zangada com fantasmas, deves é vir para aqui e ficar uns dias comigo. Assim prolongo minha estada.

Como vai de ballet e bailarinas e bailarinos? Li num jornal que o Anatole saltou do avião de chapéu de cowboy. É mesmo um palhaço.

E as crianças? Como foram de provas? Tenho saudades deles e de ti.

Ante a notícia dos cabelos pretos do velho João, vou, logo que volte, entrar na 2ª série de Maracujina. Tu já recomeçaste?

E o exame de motorista? É sempre sábado?

Abraços para todos, inclusive Misette. (Meus discos chegaram?). Fico esperando notícias tuas. Caso venhas, telegrafa.

Muitas saudades, beijos e o amor do teu

Jorge

Concluída a preparação para as férias pernambucanas meu pai está pronto para voltar para o Rio.

**Recife,
18-11-59**

MEU AMOR,

recebi teu telegrama ontem e espero que tua saúde esteja realmente ótima e que tenhas ido bem em teu exame de francês.

Hoje já fui à praia de Maria Farinha com Paulo Loureiro. É lugar lindo e creio que gostarás. Amanhã vou à granja de Ruy, com Marcos (Ruy está de cama, hérnia de disco), para ver a estrada consertada (pois Ruy e Laís fazem questão de passarmos parte das férias com eles). Voltarei para o Rio no domingo, a não ser que me telegrafes pedindo minha presença antes. De qualquer forma peço que me telegrafes dando-me tuas notícias.

Já estou com os nervos mais repousados, mas gostarei de demorar mais alguns dias para recuperar-me um pouco mais.

Aqui os amigos perguntam por ti e reclamam não teres vindo. Mas quem sente mais falta tua sou eu.

Beijos para as crianças e para os velhos. Abraços para James, Luiza[135] e filhos. Para ti, toda a saudade e o amor do teu
Jorge
PS — Abraços para Misette

Em 1960 surge a ideia de o casal Amado fixar residência na Bahia. Entre 60 e 61 a ideia amadureceu e foram muitas viagens à Bahia em busca da casa ideal. Muitas casas foram visitadas. Algumas pareciam boas mas, ou não estavam à venda ou o proprietário, ao saber quem era o comprador, elevava imediatamente o preço por acreditar que Jorge Amado poderia pagar qualquer preço pedido. Finalmente a casa foi escolhida, mas estava longe de ser a ideal e dependia de muitas reformas. O dinheiro para a compra da casa foi obtido com a venda dos direitos de adaptação para o cinema do romance *Gabriela, Cravo e Canela* para a Metro-Goldwyn-Mayer.

O jovem arquiteto Gilberbert Chaves foi encarregado do projeto e os artistas plásticos amigos de Jorge passaram a trabalhar em vários detalhes da casa. Carybé desenhou o portão da base da escada de entrada da casa, o portão de ferro que separava a parte aberta da varanda da parte fechada, o acabamento das vigas de madeira em forma de peito de pomba, as portas de madeira vazada da entrada da sala e que separavam a sala da varanda. Fez ainda os desenhos dos azulejos que foram executados pelo ceramista Udo Knoff, que ainda forneceu os cacos de azulejo que pavimentaram os caminhos externos da casa. A porta de entrada principal da casa foi feita, em baixo-relevo, pelo gravador Hansen Bahia. Jenner Augusto executou a porta entre o quarto do casal e a varanda, além dos basculantes. Lênio Braga ficou encarregado do Peji de Oxóssi. Mário Cravo foi autor do para--raios em forma das armas de Oxóssi e projetou o pequeno lago do jardim onde deveria reinar, soberana, a grande Yemanjá de madeira por ele esculpida. O arquiteto Lew Smarchewski projetou e executou grande número de móveis para a casa, poltronas de madeira e couro, cadeiras, bancos. Com o passar dos anos, muita coisa foi modificada, outros artistas deixaram a sua marca na casa, mesmo a Yemanjá de Mário saiu do lago (que foi aterrado) para ocupar um lugar de destaque na sala.

As cartas de Jorge Amado que se seguem tratam, principalmente, da compra da casa, dos terrenos contíguos, e da obra que foi feita entre 1961 e 1967.

Zélia e Jorge Amado se mudaram com Lalu e os filhos para a casa no início de 1964, mas as obras continuaram. Eventualmente tinham que dormir fora por causa, por exemplo, do cheiro da tinta.

Neste último grupo de cartas que compreendem o período 1961--67, além de cartas de Jorge, há também algumas de seu pai, coronel João Amado, de Angelina, mãe de Zélia, e mesmo algumas da própria Zélia.

Bahia,
24, terça-feira, out. 61

MEU AMOR:

assinei hoje a escritura da casa, amanhã pagarei o selo necessário (56.000,00 crs) e receberei o traslado, ficando o negócio completamente concluído. Com a greve bancária completa, só me foi possível concluí-lo devido à gentileza de João Falcão que, contra um cheque meu, adiantou-me o dinheiro necessário.

Viajo 5ª para Recife e sexta para Natal. Devo estar em Fortaleza dia 1º e ter o lançamento no dia 3. Depois tento voltar de auto.

Tudo aqui em paz, doce clima, boa gente. Só que como e durmo demais. Com Odorico[136] e Bina,[137] tenho almoçado como um boçal, em casa de Moysés,[138] jantado com Giovani[139] e um engenheiro Fernando Carneiro, ex-secretário de Viação, que tem uma bela casa no Dique e ofereceu uma carne de sol com pirão de leite que era uma das obras de artes mais mais perfeitas já vistas. Almocei no domingo com Juracy[140] que viajou para aí na 2ª.

Estive domingo também com Senhora, à noite. Diz à Beatriz[141] que comprei a encomenda dela. Tive de dar em cheque, pois, com a greve, não há dinheiro papel.

O Bina viu a casa e gostou muito. Achou bom negócio. Amanhã vou lá, decidir sobre móveis.

Como vão os velhos? E as crianças? João? Estuda? Aperte-lhe as ferraduras. E a Paloma? Mal saio e já tenho saudade de todos e, sobretudo, de ti.

Beijos, querida, e a ternura de hoje e de sempre do teu
Jorge

Enquanto Jorge Amado viajava pelo Nordeste, Zélia permanecia no Rio com os filhos estudantes. As crianças citadas na próxima carta, que acompanharam o grupo à ilha de Itamaracá, eram provavelmente os filhos de Laís e Ruy Antunes, talvez também as filhas de Dóris e Paulo Loureiro.

**Recife,
29 de outubro de 1961 — domingo**

QUERIDA:

Recebi ontem à noite tua carta trazida pelo Miécio.[142] Hoje à noite seguiremos para Natal. Pela Vasp. Hoje eu e Miécio fomos com Ruy, Laís e as crianças à ilha de Itamaracá de onde estamos chegando. Portella[143] não pôde ir, tinha assuntos a tratar aqui.

De Natal te telegrafarei dizendo até quando estarei lá e em que hotel.

Cheguei aqui em Recife quinta-feira à noite (aliás, à meia-noite pois o avião saiu do Rio com grande atraso) e fiquei em casa de Ruy. Todos aqui bem e todos mandam abraços e saudades: os Antunes, os Loureiros, os Marcos[144] (com filho novo, Milton), os Benaia[145] etc. Praticamente passei a 6ª e o sábado com eles, todo o tempo. Estive também com Tânia, Otília e Eufrásio. Todos enviam saudades para ti e para as crianças.

Na Bahia concluí, praticamente, todo o assunto da casa: recebi o traslado da escritura na 5ª feira, no começo da tarde e o deixei no cartório de registro de imóveis, onde o Moysés o receberá. Só não acertei inteiramente a compra dos móveis, o que farei na volta.

Espero que já tenhas recebido a carta que te enviei da Bahia.

Estou com muitas saudades de ti, das crianças, dos velhos. Bem sabes como sinto a falta de vocês quando saio. Mas não tenho saudades do Rio nem de sua atmosfera, sua vida tão artificial e inumana. Por aqui realmente descanso e me sinto com vontade de criar, de escrever.

Abraços para os velhos e as crianças. Como vão Palé e João? As crianças todas mandam saudades. Beijos para ti, querida, muitas saudades.

Teu Jorge

A carta seguinte já é de meados de 1962. Não chega a ser uma carta, é mais um bilhete. Faz referência à carta anterior, enviada por portador, mas que não se encontra entre as arquivadas.

Ao tratar do presente de aniversário que iria dar a Zélia, mostra o interesse que tinha na arrumação e decoração da casa.

**Salvador,
14 de julho 62**

ZÉ: ESTE BILHETE É UM PS À CARTA QUE já está com Bulhões. Ele e Glauce[146] vão vir aqui hoje (sábado) de manhã conhecer nossa casa. E eu aproveito para te escrever sobre o seguinte assunto, ainda a propósito de teu presente de aniversário: não tendo encontrado nada que me agradasse, pensava mandar fazer, quando viesses, um retrato teu pelo Carlos Bastos. Mas ontem soube pelo Odorico (e depois li também nos jornais do Rio) que o Bonino[147] inaugurará na próxima 2ª feira (dia 16) uma exposição de gravuras (ou litografias) de Picasso na galeria[148] dele. Pensei que um bom presente a te dar seria uma litografia de Picasso, que seria ao mesmo tempo um grande original em nossa casa. Quero assim que vás na própria 2ª feira (porque são poucas litografias e podem ser vendidas logo) à Bonino, escolhas uma litografia (veja problema de assinatura etc) de que gostes, trates de obter do Bonino ou da esposa[149] a maior redução possível de preço, e a compres, mandando me dizer o preço em seguida para eu mandar pagar. É meu presente de aniversário para ti.

O Bulhões está levando também uma encomenda da Doroty[150] para Beatriz Costa.

Peço telefonar ao Afrânio[151] para ele vir buscar em casa a carta junto a esta.

Aqui tudo sem novidade.

Beijos e muitas, muitas saudades do teu

Jorge

Neste outro bilhete, mantém o hábito de fazer com que os amigos que estão junto a si aproveitem para escrever algumas palavras em suas cartas. Dessa vez foi o antropólogo Vivaldo da Costa Lima, que estava com ele e escreveu umas palavras para Zélia.

Bahia, 13

ZEZINHO, AMOR MEU:

Vou sair agora para ir ver Senhora, com Vivaldo,[152] em São Gonçalo. Aqui, muitos portugueses e poucos lusitanos, como diria o pai de Carlos Pena. Por falar neste poeta, está ficando célebre pelo sono. Nunca vi ninguém dormir tanto.

O "Colóquio" mais interessante do que eu pensava. Intervim hoje na discussão da tese do Vivaldo. Há uma tese sob o título de "Jorge Amado e o neorrealismo português", de um português. A exposição minha será inaugurada sábado, estamos montando.

Tudo bem, apenas sinto tua ausência. Diga a Paloma que estarei para o aniversário dela. Espero que tenha ido bem em S. Paulo e que d. Angelina esteja bem. Beijos para as crianças, abraços para os velhos, James, Luiza, todos.

Toda a saudade e carinho do teu

Jorge

PS — Recebo carta e recorte de Ruy. Vai junto o recorte.

Jorge

Grande abraço baiano de Vivaldo para a caríssima filha de Oxum.

Esta é uma das poucas cartas de Zélia que, por algum motivo, acabaram arquivadas. Escrita em outubro de 1962, durante a crise dos mísseis e do bloqueio a Cuba, o clima era tenso com a possibilidade de uma guerra.

Enquanto, na Bahia, Jorge Amado cuidava da reforma da Casa do Rio Vermelho (melhor seria dizer, da reconstrução, uma vez que a casa original foi praticamente posta abaixo e construída uma nova), Zélia cuidava do apartamento do Rio, providenciava cortinas novas.

**Rio,
24 de outubro**

MEU QUERIDO

Espero que você tenha recebido as cartas e esguicho que te mandei via barbicha-americano.

Recebi teu telegrama, e as cortinas já estão encomendadas. Agora prepare-se para o susto, pois minha parte já recebi. O preço é 50.000 cruzeiros. Perguntei em vários lugares, não me conformando com tão alto orçamento, e é isso mesmo. Cinquenta mil foi o mínimo que consegui. Agora é mandar o dinheiro, pois dentro de 10 dias estarão prontas.

A caixa da casa está quase a zero. Peço que mandes, com *urgência* algo para tocar o barco pra frente.

Nem sabes como me chateia estar pedindo dinheiro, mas não posso fazer outra coisa.

Os meninos estão ótimos. João continua de conduta impecável. Vibra e sofre com a situação mundial. Amanhece de jornal na mão e raciocina com clareza e seriedade. Eu também (aliás, é geral) tenho sofrido com essa ameaça de guerra. Ontem fiz parte de uma comissão que foi ao Itamaraty levar apoio à posição de autodeterminação do governo. Não sei qual o clima daí. O daqui é de grande comoção.

Chegou carta de Simone,[153] franqueando *Les Temps Modernes* a vocês. Portela ficou radiante.

Vou hoje à estreia da peça de Dias Gomes. Preciso me distrair. É tanta coisa que acontece ao mesmo tempo, que me deixa com os nervos em pandarecos.

chegou cartão de Guilherme Figueiredo, Contando do
Rio, 24 de outubro
sucesso de Gabriela nos U.S.A.

Meu querido

espero que você tenha recebido as cartas e esguicho que te mandei via barbicha-americano.
Recebi teu telegrama, e as cortinas
já estão encomendadas. Agora, prepare-
se para o susto, pois minha frente
já recebi. O preço é 50.000 cruzeiros. Perguntei em vários lugares, não me conformando com tão alto orçamento, e é
isso mesmo. Cinquenta mil foi o mínimo
que consegui. Agora é mandar o dinheiro,
pois dentro de 10 dias estarão prontas.
A caixa da casa também está quase
à zero. Peço que mandes com urgência
algo para tocar o barco pra frente.
bem sabes como me chateia estar pedindo dinheiro, mas não posso fazer outra
coisa.
Os meninos estão ótimos. João continua
de conduta impecável. Vibra e sofre com

com a situação mundial. Amanhece de jornal na mão e raciocina com clareza e seriedade. Eu também (aliás é geral) tenho sofrido com essa ameaça de guerra. Ontem fiz parte de uma comissão que foi ao Itamaratí ~~euja~~ levar apoio à posição de auto-determinação do governo. Não sei qual o clima daí. O daqui é de grande comoção.

Chegou carta de Simone, franqueando les "Temps Modernes" à vocês. Portela ficou radiante.

Vou hoje à estréia da peça de Dias Gomes. Preciso me distrair. É tanta coisa que acontece ao mesmo tempo, que me deixa com os nervos em pandarécos.

Sinto saudades tuas e tudo daria para estar ao teu lado, acompanhando êsse começo de romance. Você tem trabalhado? Como vae tudo por aí? Ainda não recebi tua carta. Tenho hora marcada no oculista, para Paloma. Penso que essa dor de cabeça que a persegue é ~~da~~ proveniente da vista. Vamos a vêr. A meu pedido, Zé Mauro deu uma nota sobre Misette, que está radiante.

Dinah Silveira passou a ser Dinah Castro Alves. Telefonou-me participando o casório. Vae morar em Moscou.

Mande notícias. Beijo-te muito saudosa

Zélia

Lembranças de tua mãe.

Sinto saudades tuas e tudo daria para estar a teu lado, acompanhando esse começo de romance. Você tem trabalhado? Como vai tudo por aí? Ainda não recebi tua carta. Tenho hora marcada no oculista para Paloma. Penso que essa dor de cabeça que a persegue é proveniente da vista. Vamos a ver. A meu pedido, Zé Mauro[154] deu uma nota sobre Misette que está radiante.

Dinah Silveira[155] passou a ser Dinah Castro Alves. Telefonou-me participando o casório. Vai morar em Moscou.

Mande notícias. Beijo-te muito saudosa. Lembranças de tua mãe. Zélia

Chegou cartão do Guilherme Figueiredo,[156] contando do sucesso de *Gabriela* nos USA.

A resposta veio em seguida. Carta longa abordava vários assuntos: as obras da casa e do jardim; as duas peças que juntamente com Carybé pregou em Gisela Valadares: a primeira, com a cumplicidade de Dagmar Barreiros, que trabalhava com Gisela no EBEC e que tinha as chaves da escola, foi a simulação de um roubo. Num sábado, quando a escola estava fechada, Arthur, filho de Norma e Mirabeau Sampaio, na época adolescente, entrou no EBEC e subtraiu duas máquinas de escrever. Carybé esperava, ao volante de seu carro, acompanhado de Jorge. As máquinas foram devolvidas dois dias mais tarde, por uma firma de entregas, com frete a pagar; a segunda foi a publicação de um anúncio no jornal *A Tarde*, prometendo a concessão de bolsas de estudo aos cinquenta primeiros que se apresentassem à secretaria da escola no dia seguinte. O trânsito ficou interrompido pela multidão que se aglomerava na porta da escola. Gisela, em lugar de anunciar que as bolsas já haviam sido dadas, resolveu explicar às pessoas, uma a uma, que se tratava de uma brincadeira. Alguns, que haviam vindo de longe em busca da bolsa, se indignaram. Dias mais tarde, chegou ao EBEC a conta de *A Tarde*, pois o anúncio fora faturado para o fim do mês; fala ainda do trabalho e das dificuldades que estava tendo com o início de seu novo romance, *Os Pastores da Noite*; outro assunto era a produção do filme *Seara Vermelha*, que organizava um concurso para completar o elenco; a car-

ta trata ainda de um convite recebido para um simpósio nos Estados Unidos e da proposta da Metro pelos direitos de filmagem de *Gabriela, Cravo e Canela*; fala da preocupação geral com o bloqueio a Cuba e da possibilidade de guerra e termina mandando instruções para a secretária.

Salvador, 25 de outubro de 1962

MEU AMOR,

Ontem, às 6 horas da tarde, apareceu aqui o americano portador de tua carta, encomendas e convite para o simposium nos EEUU. Parece que chegou na Bahia com um dia de atraso e passara a tarde na praia. Eu tinha vindo para casa por volta de 4 horas para tentar trabalhar. Conversamos, levei-o ao hotel de volta e hoje vou almoçar com ele.

Começo por notícias daqui (já te enviei duas cartas, uma ontem comboiando uma de Beatriz, a outra segunda-feira também com uma de Beatriz):

a) trabalho da casa: tudo começado, ontem era uma poeirama de fazer medo. Foram feitos os buracos na parte do fundo da casa para correr o ar e refrescar. Hoje serão colocados os tijolos abertos. Foi isso o que fez mais poeira. Na parte da frente já foram arrancados os tacos da sala e levantado o muro lateral da varanda (pegado à parede da sala), estão sendo levantados os pilares e hoje começa a demolição das paredes. A maior parte desses dias foram empregados por Rufino[157] e pelo João Clímaco[158] na compra dos materiais. O Rufino foi com Gilberbert[159] ao Recôncavo e, em Conceição de Feira, encomendaram a cerâmica para o piso: 22 contos. 3ª feira o Gilberbert, ao voltar, trouxe-me a planta já mais completa e modificada no sistema de madeirame do teto. Entusiasmo de Carybé[160] com o novo sistema. Discussão com Rufino e João Clímaco. Busca ontem do madeirame. Resultado: a madeira anterior ia custar 185 mil cruzeiros. No novo sistema custará MAIS 225 mil. A obra vai ficar em cerca de um milhão e duzentos. É para minha mãe cair de costas. Carybé está aprontando os desenhos para a grade. Enfim, nesse particular tudo marcha, um tanto lentamente (e o Gilberbert está muito preocupado com o prazo de entrega, achando-o curto, mas o Rufino jura sobre a alma da mãe, etc., que a 5 de dezembro entrega todo o trabalho) mas marcha. Tudo deve tomar um ritmo mais rápido a partir de hoje, terminada a compra e encomenda de materiais. Até sábado espero encomendar a grade (18 panos de grades, cada um com 3 lances) que é o que mais me preocupa. — O viveiro já está levantado, hoje de manhã, no máximo, deve estar praticamente concluído, faltando apenas pintura que só será dada no fim de todo o trabalho da casa por causa da poeira. — Na noite passada choveu pela primeira vez após tua partida. Chuva grossa, forte, muito vento. Boa porque revelou todas as goteiras da cozinha que hoje Rufino terá de pôr em ordem (estou te escrevendo às 6 e 15 da manhã, não chegou ainda ninguém, apenas o Martins[161] vem de acordar, e o novo vigia posto pelo Rufino para tomar conta da sala. Eu estou no antigo quarto de João ou de Beatriz). — O Gilberbert, no máximo do entusiasmo, continua a trabalhar na planta — agora no interior, estantes, móveis etc. — e não sei a que loucuras me levará quando vier amanhã mostrar-me o resto do trabalho.

Jardim: tudo em ordem, nossa floresta cresce contra vento e sol. O jardineiro é realmente bom e trabalhador. O serviço da rampa foi terminado, a terra colocada e plantas variadas plantadas. Dei a rampa por definitivamente plantada pois, na tímida porém firme opinião do jardineiro,[162] um alfinete a mais que se plante será excesso sobre excesso: "Quando tudo isso crescer, doutor, não há quem entre aqui, nem a gente para molhar". — No alto do terreno novas plantas, vindas, sobretudo da casa do Wilson.[163] — A mudança de alguns pés de melão não deu resultado. — A horta começa lentamente, lentamente demais penso eu, a nascer. Até agora, em verdade, apareceram pés de couve, em certa quantidade, e uns poucos de melancia. Os demais ainda não deram as caras. Alguns deram hoje, se bem pareçam mais com capim. — Mas o jardim, se não der uma praga, vai ficar uma beleza. Daqui a dez anos, já mais velhotes, os filhos pelo mundo, gozaremos os dois a sombra das árvores agora plantadas. Não sei se é uma perspectiva brilhante, mas é doce e repousante, creio.

Foi feito o assalto na EBEC no sábado, duas máquinas roubadas. Mas o susto da Gisela[164] durou pouco, pois uma secretária de lá que sabia do assunto pela Matilde, logo lhe revelou. Dois dias depois ela recebeu as máquinas, por uma agência de entrega, com porte a pagar. Pagou. Mais interessante foi o aviso ontem publicado por *A Tarde*[165] (e do qual te mando recorte) desconhecido por todos, exceto eu e Carybé. Só ontem no fim da tarde foram lá 15 pessoas em busca da bolsa, inclusive um velhinho e uma mulher que fizeram esporro. Calcula-se que hoje apareçam mais de 500 pessoas. Um sucesso. Acabo de receber um recado de Carybé que no fim da tarde havia multidão frente ao EBEC.

Agora, meu trabalho que é o que mais interessa: continuo a quebrar a cabeça e por vezes fico como me viste por ocasião do começo de *Gabriela*. No entanto creio ter finalmente encontrado o caminho e vou me tocar. Almoço em casa de Wilson que é perto, mas não consigo trabalhar logo após o almoço. Vou à cidade, volto, caio na máquina. Até agora é a luta. Mas, tu o sabes, a gente sempre termina por encontrar a saída. Mas, com certeza, não levarei as cem páginas imaginadas, a não ser que de hoje em diante a coisa corra. Mas duvido, não está fácil.

Nunca mais jogamos, a não ser no sábado passado. Possivelmente jogaremos sábado e domingo é a festa de Oxum de Senhora. Estive lá na segunda-feira, festa de Ogum, e ela me disse que no domingo a festa é dela e tua, que tua cadeira estará ao lado da dela, vazia, com flores em cima. Levarei as flores.

Vou fazer uma cartinha a João, elogiando. Fiquei muito contente com as notícias dele e de Paloma. Carybé riu às gargalhadas com o "coito-interfêmur". — Fico ciente das notícias de Zora. — E de Burza,[166] abandonado. — Como já te mandei dizer, ao ter conhecimento na segunda-feira da tragédia do embaixador, telegrafei à Embaixada. Fizeste muito bem em mandar a coroa. — O esguicho giratório, experimentado ontem mesmo pelo Martins (parecia uma criança de tão contente), à noite, é ótimo. Pretendo matar Carybé de inveja. — Jader[167] melhor, parece que atravessará. Estive lá na segunda, volto hoje, mas tenho tido notícias diárias. — A Luiza,[168] do Jenner,[169] é que viajou ontem, às pressas, para Aracaju onde o pai está à morte. — Os Daversas[170] e Cia voltaram ontem do interior, entusiasmados. Ontem foi lançado o concurso no *Diário de Notícias* e na TV. Hoje eu os verei. Aqui há o festival de cinema. Recusei ser do júri e não fui a nenhum filme, pois é pela manhã quando tento pôr no papel, até agora inutilmente, o cabo Martim e sua cabulosa esposa. — Incrível a história de Djana! — Agora, as coisas que vieram: depois de levar o gringo ao hotel, fui tomar café em casa de Carybé, onde encontrei Gisela rindo da peça do anúncio e prevendo o que lhe sucederá hoje. Ela ficou com todas as cartas de Knopf,[171] projeto de contrato da Metro e outras cartas em inglês para traduzir direitinho e entregar-me hoje às 10 horas (mandarei o Garrincha[172] buscar). Só depois de ler tudo, decidirei. Penso aceitar o contrato da Metro, em princípio. Responderei ao Knopf daqui mesmo, mas outras cartas mandarei para serem postas aí. Sobre tudo isso farei um PS a esta carta depois que receber o material que está com Gisela.

Sobre o convite para o simposium nos Estados Unidos: não vou aceitar e pelas seguintes razões:

a) pelas mesmas razões políticas que não aceitei o convite da Alemanha Ocidental. Agravadas agora com o cerco naval a Cuba.

b) Não tendo ido à URSS não quero também ir aos EEUU.

c) Mesmo se fosse, não quereria ir por 10 dias, duração do simposium, quereria demorar pelo menos mais um mês e isso é impossível por duas razões: rebentaria o trabalho do livro (pois não quero trabalhar nas férias) que ficaria adiado para março ou abril, e custaria no mínimo uns dois mil dólares.

d) Tu nunca foste aos Est. Unidos e não gostaria eu de ir sem te levar. Não vai faltar ocasião e iremos juntos. Esta não é das menores razões, podes crer.

Vou recomendar aos americanos, ao agradecer, penhorado, o convite, que em meu lugar convidem Mário Cravo. Já conversei ontem com o americano que gostou da ideia. Mas Mário também não pode ir.

Por falar nisso, desde ontem há na cidade um ambiente de grande nervosismo com o assunto do bloqueio a Cuba. Medo de guerra, muito boato, muito alarme. Grande mesmo. Vi agora mesmo, à noite, que foste ao Itamaraty, li na *Última Hora* de hoje.

Diga a minha mãe que fique descansada, não tirarei o forro do quarto dela. — Tu deves fazer uma nota do dinheiro que precisarás no começo do mês e mandar-me urgente. Apesar de estar disposto a ir no começo de novembro, é melhor que recebas o cheque para os pagamentos ainda no fim deste. Telegrafa-me o total. Junto a esta te envio um cheque de 50 mil para não ficares sem dinheiro. Com ele completas o mês e o que sobrar descontas do total do começo do próximo mês. Certo?

Manda-me VIA AÉREA a *Manchete* com a reportagem, há grande curiosidade aqui. — Vou contar ao Artur[173] o negócio dos ovos, mas é assim mesmo, d. Eulália tem razão.

Bem, meu amor, vou parar por aqui, voltarei a esta carta após ter visto a Gisela e entendido a tradução de todas as cartas e da minuta do contrato.

5ᴬ, ÀS 8 E 30 DA NOITE — Volto a te escrever. Gisela traduziu-me cartas, minuta de contrato, tudo, foi gentilíssima. E ainda redigiu uma carta minha para o diretor da revista *Show* (a que convida para o simposium) desculpando-me de não comparecer, carta que entregarei ao jovem norte-americano barbudo, David St. Clair, que também te levará esta. Ele viaja amanhã pela manhã e eu, após terminar esta carta, irei levá-la ao Hotel da Bahia. Hoje almocei com eles (ele e um jovem amigo dele que o acompanha, aeroviário) e os levei depois à casa de Mário Cravo e Carybé, onde o David comprou dois desenhos (100 mil crs.). Antes de continuar: enorme número de pessoas durante todo o dia procurando as bolsas gratuitas na EBEC, alguns irritadíssimos quando sabem que não tem bolsa nenhuma.

Agora, os assuntos:

a) vou escrever ao Knopf daqui mesmo (pedi à Gisela que me pusesse em inglês uma carta que redigi e ela ficou de me entregar amanhã), aceitando a proposta da Metro. Apesar de todos os pesares, vale a pena. Por um ano de opção receberei líquido um pouco mais de cinco mil dólares e por mais seis meses, líquido uns 3 mil. Se eles utilizarem a opção, receberei em total, líquido, mais de 25 mil. Creio que vale a pena. O ideal será que eles paguem a opção e não a utilizem. Assim vou responder ao Knopf aceitando. Ainda sobre *Gabriela* e Metro: vou te enviar amanhã ou depois a tradução da nota mandada pelo Knopf com a relação do que eles exigem como prova de que os direitos estão livres e com detalhada explicação de como deves fazer (ou mandar a Déa[174] fazer). Não mando isso hoje porque devo ainda estudar o assunto.

b) Stanley Richards, o adaptador para teatro: pelo contrato com a Metro não posso vender os direitos para o teatro a não ser que a Metro não se interesse por eles (aliás o Richards já sabe disso e apenas quer saber qual a companhia interessada em filmar). Mando a carta com uma nota da resposta que a Déa deve fazer. Depois de ter assinado com a Metro, então voltarei a discutir o assunto.

c) Finlândia: decido pela dona Karin Alin, mulher gorda e séria, que já traduziu *Mar Morto*, manda-me sempre um dinheirinho etc. A editora parece boa. Não conheço a gente da outra. Nas cartas anotei o que a Déa deve responder.

d) Casa de las Americas: vai a minuta das respostas. É claro que em janeiro não posso ir a Cuba, assim sendo não posso aceitar ser juiz. Indico o Dalcídio.

e) Pipper[175] — vai resposta a ser feita e originais de contratos assinados por mim (as cópias dos contratos vão separadas para serem guardadas na minha pasta de contratos).

f) Volk und Welt[176] — vai a resposta. Não posso assinar contrato para TV e rádio antes de saber se faço ou não negócio com a Metro. O negócio com a Metro inclui os direitos de rádio e TV.

ASSIM ATENÇÃO! OS COMPLEMENTOS DE CONTRATO (ESTÃO ASSINA-

DOS POR MIM E PELA VERLAG VOLK UND WELT) *NÃO DEVEM* SER DEVOL-
VIDOS À ALEMANHA. DEVEM SER GUARDADOS EM UMA PASTA ESPECIAL,
JUNTAMENTE COM TODAS ESSAS CARTAS E CÓPIAS DAS RESPOSTAS PARA
AGUARDAR MINHA CHEGADA.

Creio que as coisas estão suficientemente explicadas e se mos-
trares esta parte da carta à Déa (e com as explicações que vão nas
próprias cartas) ela não terá dificuldades para as respostas que devem ser enviadas URGENTEMENTE.

Junto a esta te mando uma carta que ia pôr no correio para José
Condé.[177] Peço-te o favor de mandares entregar em casa dele.

Bem, querida, vou ficar por aqui. Hoje tive um dia abafado, com
as traduções dessas cartas, o sensacional assunto das bolsas da EBEC,
coquetel no Turismo do Festival de Cinema (único troço do Festival a que compareci, assim mesmo rapidamente), encontro com
Daversa e sócios (receberam os colares mas ainda não pagaram os
3 mil apesar de que cobrei, ficaram de pagar mais tarde). Chegou
também Gibeau com quem estive ligeiramente e a quem verei mais
longo amanhã.

Choveu torrencialmente hoje, foi ótimo. Mas parou à tarde e
creio que não voltará a chover. Segundo soube antes de vir para
casa, o Jango mudou novamente a capital para o Rio. O ambiente
aqui, de medo da guerra, é quase de pânico. Pretendo depois ouvir
os últimos noticiários do Rio. Todo mundo te manda abraços.

Vou agora bater umas linhas para João. Beijos para ele, Paloma,
mamãe, abraços para James, Luiza, família, para Déa, e para ti toda
a saudade e todo o amor do teu

Jorge

P.S. — Soube pelo Paulo Gil[178] que Neruda ganhou o Prêmio
Nobel. Mande um telegrama em nosso nome. O endereço é: Pablo
Neruda — Isla Negra — Chile.

**Onze dias depois, uma nova carta. As obras da casa continuam sen-
do o assunto principal e a carta mostra grande entusiasmo pelo resultado previsto.**

**Bahia,
5 de novembro de 1962**

MEU AMOR,

recebi ontem tua carta de 29 ao mesmo tempo que o bilhete de 30 com as fotos (cujas já foram entregues a Jacy[179] que ficou feliz e Senhora, idem. A de Paloma, mostradíssima, arrancando gritos de admiração. As do jardim vistas aqui pelo pessoal — Zuca, Martim, Rufino, operários — que esperam ver aquelas onde aparecem. E aparecem mesmo?). — Sei pelos jornais — nota de José Mauro — que recebestes a encomenda mandada pelo Daversa. Aliás, sei de ti pela coluna de José Mauro. Assim, já sabia de tua ida para Quitandinha, antes de receber tua carta.

Sobre despesas: continuo a esperar teu telegrama dizendo de quanto ainda necessitas — além dos cem mil que enviei pelo Daversa — para te mandar. Pela tua nota necessitavas de 137700, ou seja, faltavam 37 mil. Mas como não estão as cortinas, vou mandar pelo primeiro portador (se antes não receber nova nota antes) 50 mil. Creio que com o dinheiro enviado antes, chegará. Mas, em realidade, não sei, pois se mandei 150 — de duas vezes —, tua nota é de 137700, mais as cortinas e mais outras despesas que não incluíste na nota — aulas particulares, Andrews etc. — e fico sem saber.

Contente com João e Paloma, como estás. Espero que tudo tenha corrido bem no Quitandinha. Tu me havias escrito que as férias de Paloma começariam em *janeiro*.

As obras da casa — apesar do pessimismo de minha mãe — vão dar um resultado maravilhoso — apesar também da grade não ter desenhos. Já estamos na fase de levantar pilares etc., terminada a de derrubar paredes, arrancar piso etc. Amanhã deve começar o trabalho de assentar as vigas do teto — cada barra de madeira de dar medo! Ainda há problemas a resolver: o da grade, por exemplo. Parece que será mesmo de ferro, com um desenho (ou melhor, sem desenho) simples, uns retângulos de 15 por 20 no sentido vertical.

Hoje o Gilberbert, que chegou ontem de Itabuna, deve trazer o desenho definitivo, e iremos comprar o ferro (e do seu preço dependerá em última instância se a grade será de ferro) e entregar a Mário Cravo em cuja oficina será feita a grade, pagando eu a mão de obra dos operários e o preço da solda. Assim o preço da grade deve diminuir em mais de 40 por cento. — Também falta resolver o portão que, em princípio, deve ser um desenho de Carybé, realizado pelo ferreiro amigo de Lênio.[180] Mas, como o desenho ainda não está pronto, o ferreiro ainda não pode dar o orçamento. Carybé — abafadíssimo com a proximidade da exposição no MAMB — será dia 14 — prometeu-me trabalhar no desenho hoje.

Muita coisa nova já existe na obra de que não tens notícia. Talvez tenhas podido dar-te conta de algumas nas plantas que te mandei. Pessoalmente te explicarei o resto. — O problema mais grave da obra é que ela exige a presença constante de algum responsável. Se eu não estivesse aqui durante a ausência de Gilberbert tudo iria por água abaixo, pois os operários estão — e é natural que assim suceda — apanhando da obra. Assim irei para o Rio com o coração na mão.

O jardim está ficando realmente lindo. Creio que com a tua presença e a das duas velhas,[181] no fim do ano, ele vai ficar uma beleza. Tem várias novidades que verás ao vires. Só a horta falhou, nasceram apenas umas bobagens e Zuca — bom sujeito — atribui à velhice das sementes. E pede que envies, via aérea, com urgência, envelopes de sementes de legumes e flores, pois faz questão de te apresentar em dezembro uma bela horta. Envia para Martins José — rua Alagoinhas, 33 etc., pois certamente não me alcançarão aqui. — O esguicho faz sucesso e é útil. Wilson e Anita[182] ficaram doidos e prometi trazer-lhes um ao voltar do Rio.

O menino de Odorico venceu a terceira infecção, mas será obrigado a nova operação. Tenho estado lá, Odorico faz pena. A operação deve ser, talvez, hoje. Passarei lá à tarde.

Olga Bianchi: oh! Como perder um minuto sequer, meu amor...

O livro está desamarrando. Tudo seria fácil se eu não quisesse contar de *determinada maneira*. Decidi fazer assim e assim farei.

Custa sangue e nervos, mas já estou começando a ficar satisfeito com uns primeiros resultados. Tenho trabalhado diariamente, toda a manhã e por vezes até à tarde. Mesmo quando o trabalho não rende, pois sem essa disciplina não vai. Mas agora já estou certo de que resolvo a coisa e o livro sai. Estou muito curioso de tua opinião sobre os trechos — pequenos — já escritos. Talvez essa semana o rendimento seja maior.

Ontem foi festa de aniversário — de santo e de nascimento — de Senhora. Levei presente teu e meu: champagne e vinho nacionais. Ficou feliz — e com as fotos — e te mandou uns bombons. Fui com Carybé e Nancy.

Pela minha última carta, estás a par de todo o assunto da Metro e adjacências. Veremos os detalhes quando eu chegar.

A moça do recorte: eu já havia aqui dito ao Daversa que achava impossível e inaceitável a tal moça. E o mais é bafo da própria, sabes como são essas coisas. Não tenho deles a mesma impressão tua. Creio que não sabem nada de cinema, à exceção do Daversa. O problema é o que Daversa sabe. Muito? Pouco? Nada? A família de Marilda animada a aceitar que ela faça o filme desde que as cenas de nudismo desapareçam. Creio que tem razão.

Brizola e etc.: não me surpreendeu, sabes minha opinião. Todo o assunto de Cuba precisa de uma conversa nossa, aí a teremos. Diga a Mira y López[183] que pode botar meu nome em tudo que seja homenagem ao Alberti.[184] Fora disso, o que posso fazer? Uma coisa não faço, certamente: viajar. No resto, solidário.

Palmolive não, diga a minha mãe que prefiro ficar careca. Viajarei para aí dia 13. Foi impossível, por várias razões ligadas à obra, ir amanhã, como previa. Remarquei a passagem para o dia 13. Aliás, ontem me disseram que o Caravelle ia mudar de dia, assim pode ser 12 ou 14. Avisarei.

Telegrafa-me sobre o livro de Didi,[185] como te pedi na carta anterior.

Entreguei à Lúcia[186] o recorte para o Cravinho.[187] Ontem almocei lá.

Agora, a última novidade: vou comprar — devo acertar o negócio definitivamente hoje à noite — o terreno, não o imediatamente vizinho ao nosso, mas o seguinte. Ou seja: entre o nosso e o novo ficará um terreno, o do homem de Camacã em cuja pista o nosso Moysés, atualmente em Itabuna, se lançou e de quem já sei está em má situação financeira. Mas, te explico: veio me procurar aqui o dono do segundo terreno, o sr. Nobre, funcionário do Banco do Brasil, que me disse o seguinte: está comprando uma casa e por isso necessita vender o terreno imediatamente e vai vendê-lo. Sabendo de meu interesse, dá-me a preferência. É um homem simpático, muito de esquerda ele e a mulher, pessoas de cerca de 50 anos, com filhos rapazes e moças. Gente modesta e pobre. Contou-me tudo com franqueza. O terreno custou-lhe — imagine! — há doze anos passados, 60 mil cruzeiros. Há algum tempo ele esteve para comprar um apartamento na planta e o incorporador aceitava o terreno por 500 contos. O dono da casa que ele vai comprar não quer o terreno, daí ele ter de vender. Hoje vou encontrá-lo de novo e creio que comprarei, se o preço não subir de 500. E vou comprar o terreno para ti, em teu nome, é meu presente de Natal. Assim fica isso aqui meu e teu. Mandar-te-ei um telegrama sobre o assunto. Creio que isso facilitará comprar o outro.

Todo mundo te manda abraços e lembranças. Eu vou ficar por aqui, pedindo-te que beijes as crianças, mamãe, abraces James, Luiza, Déa, Janaina, Fernanda, abrace Adriana e Sônia (o irmão de Sônia esteve ontem aqui). A Gertrudes dos porcos manda-te abraços, dei-lhe a goiabada. A velha Maria também. E todos os amigos.

Nem vou repetir que estou com saudades tuas. Tu o sabes e só por isso vou ao Rio. Beijos, minha querida, muitos e saudosos. Sinto tua falta cada vez mais.

Teu

Jorge

Entrega a carta junto ao Portella.

Vou 5ª feira inaugurar uma biblioteca da Petrobras aqui, em Mataripe. Por outro lado, um colega de James, de Belém, mandou-me uma tartaruga. Que porra ia eu fazer com uma tartaruga? Passei o presente para Sossó[188] e está em casa de Carybé.

Vi a nota do José M. sobre o arquiteto. Pena que em vez de Gilberbert saiu Gilbert. Para corrigir o erro não podia sair nova nota?

Já estou com a passagem marcada para o *Caravelle* do dia 13.

Nesta carta Zélia dá a notícia (que circulou por algum tempo) da participação de Jorge Amado, Carybé e Mário Cravo, além de Marilda, no elenco do filme *Seara Vermelha*. Ao final, desse grupo apenas Marilda participou, fazendo a jovem retirante Marta. O elenco contou com Sadi Cabral, Jurema Pena e Ester Melinger, entre outros.

Segunda-feira

MEU AMOR

te escrevi duas cartas e mandei fotos, que a estas horas já deves ter recebido. Hoje apenas um bilhete para instruções sobre a passagem de Nancy. Acabo de estar com Nassif. Ele precisa de um atestado médico (*com firma reconhecida do médico*) declarando que Nancy encontra-se doente, impedida de viajar. Com esse documento ele quebrará o galho. Creio que não será difícil obter o atestado.

Cheguei ontem à tarde de Quitandinha. As crianças aproveitaram imenso. Isso só chegou para me dar satisfação, tudo em ordem, nada de novo.

Sabes que me fazes muita falta mas espero que saibas também (e isso não é difícil após 17 anos de convívio) que não sou egoísta, que tudo o que desejo é que escrevas descansado, que cuides das coisas e que só voltes quando achares que está na hora. Controlo o barco, meus sentimentos e minhas necessidades, bem.

As crianças estudam direitinho. Só que se demorares, preciso de mais dinheiro, pois as despesas são grandes e eu não acho justo privar as crianças de nada. Não é mesmo?

Zé Mauro e Zé Condé deram notícias sobre Gilberbert. Não tenho ainda os recortes pois estava em Petrópolis quando saíram. Logo que a Lux[189] mandar, te enviarei. Estive com Daversa, entusiasmado com o elenco: Marilda,[190] você, Carybé, Mário[191] e etc., pedi que me incluísse. A planta da casa me encantou. Um beijo muito saudoso da tua
Zélia
Obrigada pela compra do terreno. Fiquei contente, não tanto pelo terreno como pela lembrança. E o primeiro? Há alguma perspectiva?
Estive ontem com Norma[192] na exposição do Aldemir.[193] Gente pra burro! Depois fui levá-la até Ipanema onde está hospedada. O Aldemir tem uma nova proposta a te fazer. Parece que se trata de um livro para crianças, texto teu, desenhos dele. Está entusiasmadíssimo. Scliar perguntou sobre o prefácio.
Hoje almocei com Moacir[194] e Nenê[195] em casa do Samuel,[196] para acertarmos o assunto do emprego dela. A casa é ótima, Samuel encantado em mostrá-la. Quer que almocemos com ele qualquer dia.
Entregou as fotografias aos compadres?
Lembranças a todo mundo.

Bilhete de Paloma.

**Rio,
15/11/62**

QUERIDO PAPAI
As saudades de você são muito grandes. Por que não vem logo?
Como vai você e todos por aí no Salvador? Como vai Kadi,[197] Sossó, Bubu[198] e todas as meninas vizinhas?

Já vou começar a usar óculos amanhã, escolhi uma haste bem bonita, é da cor do meu cabelo! (4500 cruzeiros!).

Farei a prova na Aliança[199] amanhã, estou bem preparada.

Já contei tudo que tinha que contar.

Beijos para todos

Um especial para você

Palé

ps — Mande Bubu escrever.

A carta começa com o assunto da compra dos terrenos para ampliar a área verde da casa, e do golpe da medição que o engenheiro do loteamento tentou aplicar, fala das obras da casa e das providências para o jardim. Trata depois do trabalho no roteiro do filme *Seara Vermelha*. Termina com a queixa das interrupções frequentes.

Rio,
27 de novembro à noite.

MEU AMOR,

apenas 24 horas ou pouco mais aqui e já te escrevo um pequeno relatório sobre os assuntos. Estou vindo para casa (por volta de dez e meia) depois de ter jantado com Benaia e Raquel que estão aqui num congresso de anestesistas e aqui ficarão até sábado. Amanhã à tarde (seis horas) vou novamente pegá-los, comer com eles, levá-los à casa de Carybé e talvez de Mário. Mandam-te abraços e às crianças.

Agora, assunto por assunto:

a) Terrenos. 1 — Se já chegou e leste uma carta de Luís Henrique[200] deves ter compreendido o motivo de meu telegrama ontem, apenas cheguei. Passou-se o seguinte: veio o tal engenheiro da companhia do Parque Cruz Aguiar medir e localizar o terreno do sr. Nobre (lote 12), na minha ausência. Pela medição dele, o lote 12 começa em nosso último terreno (uns quatro metros estariam em nosso terreno), e todo o lote 11 (do homem de Camacã) estaria *todo ele* dentro do nosso terreno, imagina tu o absurdo. Declarou enfaticamente que eu (ou melhor, o Benda)[201] havia avançado em terrenos dos outros. Pergunta: e onde estão os terrenos 7, 8, 9 e 10 que são os nossos? Pela medição dele, nós ficaríamos reduzidos a 2 lotes e pouco. É claro que isso é um erro ou, mais provavelmente, uma safadeza do engenheiro. Por isso necessito urgente dos documentos. Decidi, em relação a esse assunto, o seguinte, após conversar com o sr. Nobre: aguardar a chegada aqui de Pinto de Aguiar[202] que, conforme me disse, sai amanhã, 28, da Bahia em petroleiro e estará aqui a 30. Vou então conversar com ele para que ele mande liquidar esse assunto. A opinião do Luís Henrique, que conversou com o tal engenheiro, é que o tipo é um vigarista e quer é dinheiro. Meu, porém, ele não vai levar. Devo te dizer que esse assunto me preocupa pouco porque estamos com tudo legal, direito e claro, não haverá possibilidade de discussão sequer. Até, de certa maneira, tem seu lado positivo, pois adiou um pouco a compra do terreno, enquanto se esclarece o 11 — terreno de Camacã. — Chegou carta do homem dirigida a Moysés e que está comigo. Pede 700 contos, à vista, pelo terreno, e resposta urgente dizendo ter outros interessados etc., a eterna conversa, mais um que quer fazer roça às minhas custas. É claro que não comprarei por esse preço. Pensei em mandar-lhe, e possivelmente mandarei, um telegrama a ele, assinado pelo Banco Irmãos Guimarães, nos seguintes termos: Por 700 contos terreno não interessa absolutamente a JA ponto Oferece nosso intermédio 450 e não sai dessa oferta em hipótese alguma ponto Responde telegrama (endereço banco) ponto Caso tenha oferta 700 aconselhamos vender imediatamente pois trata-se milagre ponto saudações. — No entanto não mandei ainda o telegrama porque no escritório do Parque informaram a Luís Henrique que esse senhor de Camacã, por falta de pagamento das prestações, já perdeu o terreno que voltou novamente à posse da Companhia do Parque. Quero primeiro tirar isso a limpo antes de responder ao homem. É possível que o pessoal do Parque, vendo meu interesse, tenha usado as cláusulas do contrato para retomar o terreno e querer vender-me alto. Logo que o Pinto chegue, esclarecerei esses assuntos. Como vês, cheguei na hora.

II — Obra: atrasada, bastante atrasada, aliás, como eu previa. Minha ausência, como é natural. Creio que talvez até 20 esteja tudo pronto, mas duvido. Vou detalhar: a coisa é feita e refeita, duas e três vezes. Ademais: os tijolos do piso ainda não chegaram, os azulejos impossíveis de encontrar-se, houve complicações com os ferros para a grade, foi necessário esperar que chegassem do sul etc. etc. Como está: grades: Mário pensa que dentro de uns 10 dias estarão todas prontas (ontem estourou a peça de uma máquina, e está sendo procurada a substituta). Das 18, estão prontas 3. — Portão: metade pronto. A maior beleza que possas imaginar. O artesão que o faz é formidável. Prometeu-me entregar o portão no dia 10. Apanhou muito do trabalho. — Serviço de alvenaria: praticamente pronto. Telhado: atrasado mas ficando belíssimo. Enfim, atraso grande mas perspectivas de grande beleza. Estão trabalhando à noite. Estou tratando de intensificar o ritmo do trabalho.

III — Jardim: bem, as plantas crescendo. Tudo que está próximo à casa sofrendo muito com as obras, poeira, lascas de madeira, pés de operários etc.

IV — Amanhã começarei a trabalhar com Daversa para quem acaba de chegar um telegrama urgente de São Paulo. Fico hoje por aqui.

Dia 28, pela manhã: procissão de gente: Daversa e assistente, Didi (que manda te agradecer muitíssimo) e Waldeloir,[203] Lênio (com o preço das cadeiras que estarão prontas na próxima semana, 5 mil e 500 crs cada, são 3), Mário Cravo, Gilberbert (praticamente mora aqui), ferreiro, Luís Henrique (com quem vou almoçar), Balbina, Marilda, d. Maria[204] e também a dona Maria preta que, sabendo pelo pessoal da Sônia (para quem Lídia levou a carta de Sônia) de minha chegada, apareceu logo.

Mais notícias: Lâmpadas: a grandona perfeita, a de pé machucou um pouco e também uma das que vieram dentro dela, a outra perfeita. Cortinas: perfeitas. O demais bem.

Ainda estou meio tonto com tanta coisa para fazer e resolver.

Voltarei a te escrever ainda antes de tua vinda, dando as novidades.

Tenho saudades tuas, custa-me cada vez mais separar-me de ti e das crianças. Mas, realmente, não vejo como posso sair daqui agora sem que tudo isso venha mais ou menos abaixo.

Saudades, meu amor, diga a João que confio nele, beije Palé e mamãe, abraços para James e família, lembranças para Déa. Qualquer novidade te telegrafarei.

Com todo o carinho do teu

Jorge

ps — Interrompi 20 vezes este último pedaço de carta para atender gente. É meio-dia e meia, vou almoçar com Luisinho — teu

Jorge

Entre as cartas preservadas e arquivadas, esta é a única de 1963. Na época escrevia o romance *Os Pastores da Noite*.

Salvador, 19, à noite

MEU AMOR, MEU AMORZINHO, aqui estão Mirabeau[205] e Norma, jantamos em casa deles com Pedro, Jenner e Bandeira[206] (que está aqui) e aproveito a ida de Pedro amanhã para te escrever. Hoje te telegrafei, amanhã tentarei te telefonar. Amanhã é aniversário do Mariozinho,[207] Lúcia convidou-me para jantar lá. 3ª próxima, 15 anos de Maria de Mirabeau.[208]

Eu vou bem. Tenho melhorado, dia a dia, sinto-me mais repousado e calmo, começo a tocar no romance, mas, ainda, sobretudo descanso. Durmo cedo, acordo tarde, saio pouco. Se estivesses aqui, seria perfeito. O que, aliás, eu desejo é exatamente isso: que acertes as coisas aí e venhas para cá ficar comigo pelo menos uns dias. Afinal, eu também tenho direitos. E não quero voltar sem sentir-me perfeito e completamente refeito.

Estive 2 vezes com Senhora, a 2ª ontem quando fiz um trabalho lá. 2ª feira irei lá de novo, trabalho de Didi, um que eu devia já ter feito.

Sinto muitas saudades de João e Paloma e de mamãe. Mas não do ambiente aí, se tu estivesses aqui com as crianças e a velha, eu estaria feliz, muito feliz.

Tudo aqui em ordem. O Walter da Silveira[209] de cama há uma semana. Talvez saia amanhã pela 1ª vez e então...

Tenho dormido muito, trabalhado pouco, conversado algo, comido algo, sobretudo descansado. Resolve tudo aí e vem. Estou te esperando.

Beijos para Jucote e Palé, abraços para James e Luiza, beijos para mamãe (Naninha[210] está bem, comendo muito). Dia 21 pretendo telegrafar a Janaina.

Beijos e saudades infinitas, meu amor.

Teu Jorge

Não há nenhuma carta datada de 1964.

Jorge Amado não dirigia, quando se mudou para a Bahia contratou motorista, Garrincha, e trouxe um automóvel Citroën ID 19 que comprara no Rio. A suspensão hidráulica do carro não resistiu aos buracos da Bahia e o Citroën voltou ao Rio de caminhão, era moderno demais para ser consertado na Bahia. Foi vendido no Rio mesmo. Jorge resolveu comprar carros nacionais. Comprou um jipão Willys numa concessionária do pai de Mário Cravo. Depois o trocou por um Volkswagen. Trocou também de motorista, e Garrincha foi substituído por Aurélio. Zélia, que tinha tido um Renault 4cv — Rabo Quente, e depois um Peugeot 403, insistiu nos carros franceses e levou para a Bahia seu carro novo, um Peugeot 404.

O carro era bom, não dava problemas, mas, quando precisava de alguma peça, era preciso mandar buscar na concessionária do Rio, o que era demorado. Algumas vezes a peça não estava disponível no Rio

e a demora para importar da França era grande. Descobrimos que esse carro era produzido também na Argentina, o que permitia diminuir o tempo para conseguir peças, além de baratear bastante o custo.

Acompanhando este bilhete, seguem algumas peças quebradas para que Zélia, no Rio, tentasse providenciar peças novas para seu automóvel.

**Domingo pela manhã,
28 de nov.**

ZÉLIA,

aqui tudo em ordem, João dorme, Lalu está bem, João ontem jantou comigo em casa de Gutiérrez.[211] Só saudades.

Junto com este bilhete, te envio as peças do 404 que estão quebradas, necessitando trocar. Na opinião de Aurélio[212] (que coincide com a tua já externada antes), após examiná-las, foram elas quebradas recentemente e o devem ter sido pelo mecânico no dia em que saiu com o carro.

Se puderes mandar as novas quanto antes, melhor, pois combinei com o mecânico que, assim cheguem as peças, ele virá concluir o serviço.

Amanhã o Aurélio vai levar a bateria nova para entregar na casa e só ir buscar outra quando o carro estiver pronto.

Tudo o mais em ordem, inclusive gatos e Kiki.[213] Estou esperando notícias tuas.

Manda-me urgente a ordem bancária (que deve estar aí mandada pelo próprio banco) correspondente ao envio do Larra.

Beijos para Paloma, abraços para todos, saudades mil e de verdade
Jorge

PS — Vou ver se arranjo portador para hoje mesmo.

Jorge Amado não gostava de viajar de avião. Sempre que possível, escolhia outro meio de transporte. Muitas vezes foi de automóvel do Rio para a Bahia. A Ybarra passou a operar a rota marítima entre a América do Sul e a Europa, ligando Argentina, Uruguai e Brasil com Portugal e Espanha. Para essa rota, utilizava os navios *Monte Umbe, Cabo de São Roque* e *Cabo de São Vicente*. Depois dessa experiência com o *Monte Umbe*, Jorge e Zélia passaram a utilizar regularmente esses navios em suas idas à Europa.

Depois da expulsão da França, durante seu exílio, Jorge Amado ficou impedido de entrar em território francês. Nessa carta instrui Zélia nas gestões que deve fazer para obter a autorização necessária para voltar à França. Essa autorização finalmente foi obtida e o escritor voltou muitas vezes à França.

Mais uma vez refere-se às dificuldades para escrever seu novo romance, dessa vez *Dona Flor e seus dois maridos*.

O filme de Ruy Santos, cujo copião foi assistido e é mencionado na carta, é *Onde a Terra Começa*.

Salvador,
3 de dezembro de 1965

ZÉ, ONTEM TE TELEGRAFEI ASSIM como ao Martins dizendo que já comprara (um modo de dizer: reservei) passagens no *Monte Umbe*[214] que sai daqui a 3 de janeiro (do Rio, onde Paloma embarcará, a saída é a 1ª) e no qual voltaremos em março, partindo de Vigo. As informações que tenho sobre o navio são ótimas. De Mário Cravo (ontem almocei em casa deles) e de seu irmão Jorge, do velho Mario e de seu genro Beto que acaba de voltar da Europa com a esposa tendo ido e vindo nesse navio. Ida e volta 1ª classe, por pessoa: 1456949 (já feitos os descontos vários — 10% de ida e volta e mais 15% na passagem de ida). Ainda não está resolvido o problema de Jão: se obtivermos lugar no voo da amizade[215] (ou da fome, como dizem outros) nas imediações do dia de nossa partida, ou seja, 4, 5 ou 6 de janeiro, ele irá de avião aproveitando para ver Lisboa, Beatriz e a quinta dos Celestes, aproveitando eu para que ele converse com o Lyon de Castro[216] e com o Cunha Teles.[217]

Penso em Vigo alugarmos carro e seguirmos viagem.

Quanto a tua estadia aí: mesmo que devas demorar mais uns dias, é importante que tragas resolvidas as seguintes coisas:

a) problema da França; se puderes quebrar esse galho é uma beleza, iríamos a Paris e atravessaríamos o sul da França de automóvel. Empresto enorme importância a isso.

b) trazer as páginas do livro revistas por Miécio, sem falta.

c) acertar com o Martins o envio urgente do dinheiro para pagar o navio (seis milhões).

d) trazer SEM FALTA o problema da Atlântida resolvido, com uma declaração deles (firma reconhecida) dizendo que os direitos são meus etc. e tal.

e) trazer as peças do Peugeot. Ver minha carta anterior sobre o assunto: pois cada vez minha opinião é mais favorável a trazeres as peças e botar o carro em ordem imediatamente.

Importantíssimos são, para mim, a autorização para entrar na França e o documento da Atlântida sobre o *Terras*.

Em tempo: não tires vacina contra febre amarela, certamente não teremos tempo de ir ao Oriente Médio.

Dona Flor: essa senhora vai indo. As últimas duas cenas da quarta parte saíram logo, a primeira facilmente, num dia, a segunda custando-me quatro dias: também era a da chegada de Vadinho. Comecei a quinta parte, estou fazendo hoje a primeira cena, está já escrita em bruto, faltando reescrever. Mas agora estou nos problemas dessa quinta parte que é fogo. Enfim, vamos ver se tenho — como é meu desideratum — o livro pronto e entregue antes de viajar.

João vai bem, fez hoje prova de química, segundo ele boa. Dia 9 fará de física. Brilha ao volante e te escreve. Recebi ontem carta de Palé, vou responder-lhe para o Rio.

Hoje dormiremos todos fora de casa: Lalu em casa de Angelina, João na de Cláudio, eu talvez no hotel pois estão pintando as portas e não há quem possa dormir com o cheiro. Estou trabalhando desde cedo mas não sei se aguentarei à noite.

Ontem assisti com João uns pedaços de copião do filme de Ruy,[218] gostei muito. É ele quem te leva esta carta, te entregará no Rio ou em São Paulo.

Fico por aqui, amor, as saudades são muitas, tu o sabes. Tuas e de Palezinha, sinto muita falta dela também. Até breve, eu espero. Saudades de Lalu, de todos da casa e dos amigos. Beijos, muitos beijos

Jorge

Decidi mandar esta carta diretamente para o Rio, em vez de entregá-la ao Ruy. Beijos mais uma vez.

Decidi também dormir mesmo em casa, na varanda, numa cama de lona.

Jorge

Este bilhete, para Paloma, acompanhava a carta.

Sexta-feira, 3 de dez.

PALÉ QUERIDA, MEU AMOR,

Recebi ontem sua carta e já exibi por aí a meio mundo. Todos iremos embarcar no *Monte Umbe*, nós aqui a 3, tu aí a 1º de janeiro. Tua mãe deve se informar na Ybarra de onde sai o navio, que armazém etc. (o preço da passagem é o mesmo, seja do Rio ou daqui). Aqui me dizem, no representante da Ybarra, que não há a menor dificuldade em embarcares aí. Mas, se houver, o Nacib quebra o galho. O navio é bom, vais gostar. Escalas: Tenerife, Lisboa, Leixões, Vigo, onde saltaremos.

João, ao volante de um fusca de seu Lucio professor, esnoba: ontem eu estava almoçando em casa de Mario quando eis que ele transpõe o portão. Só os Celestes[219] não sabem que ele está quase formado em chofer, ele quer fazer uma surpresa.

Bem, meu amor, fico por aqui, estou cheio de que-fazeres. Beije tua mãe, teus tios e tias, tuas primas. Saudades muitíssimas de todos (incluindo tua avó), de teu pai

Jorge

Três dias depois nova carta, com sua agenda de viagem para Rio e São Paulo. Trata das dificuldades que vem encontrando para escrever o *Dona Flor*. Combina mandar, pelo Sérgio Bernardes, sua máquina de escrever e, dentro da caixa da máquina, os originais da parte já escrita do novo romance.

Salvador,
6 de dezembro de 1965 — às sete da noite

ZÉLIA,

Tentei hoje falar contigo pelo telefone, ninguém atendeu em casa. Mandei então um *cable* pedindo que não marques passagem de volta antes de receber esta, pelo seguinte:

— dia 15 sairei daqui para o Rio, com Floriano[220] e Cláudio, fazendo o seguinte itinerário: 15, quarta, estrada, 16, quinta, chegamos ao Rio — 17, 18, 19 — de sexta a domingo — Rio (trabalho contigo e com Miécio) — segunda, 20, ida para São Paulo cedo — 21 e 22, terça e quarta — São Paulo — quinta 23, volta ao Rio — sexta, 24, noite de Natal no Rio contigo, manos, Lalu — 25, estrada, 26 chegada à Bahia. Ora, não creio que neste caso seja interessante vires para aqui e voltares comigo de carro dois, três ou quatro dias depois. E quanto a mim não vou querer passar o Natal longe de ti. De qualquer maneira, é claro que quem resolve o que vais fazer és tu. Quanto a mim, o único tempo possível para ir ao

Rio e São Paulo é nas datas fixadas. Fora disso, não dá. Assim, como está, teremos sete dias na Bahia para arrumar as malas.

João não quer ir ao Rio. A namorada[221] faz anos dia 23 e ele prefere ficar. Estou de acordo, pois ele está um anjo de bondade, cortesia e companheirismo. Deve fazer exame de motorista esta semana e prova de física (precisando um e meio) na quinta-feira, 9. Dia 13 serão abertas as matrículas no colégio e nesse mesmo dia eu os matricularei. Hoje estive lá, já estou com a caderneta de Paloma (única da classe dela a passar por média em todas as matérias). João irá dia 3 para Recife e 4 para Portugal, de avião.

Telegrafa-me por submarino, como diria Mirabeau, sobre se ficas ou se vens. Por via das dúvidas, aproveito o Sérgio[222] e a Clarice para te enviar tua máquina de escrever e cenas do *Dona Flor*. Tira cópias e passas ao Miécio para ir revendo. No fim da semana te mandarei mais.

O livro marcha, estou ainda me batendo com a v parte, entrei nela cru e estou escrevendo e pensando ao mesmo tempo, o que é duro e fatigante. Ao demais, os problemas múltiplos de viagem, casa, do tradutor alemão que está aqui com Adonias,[223] tomam tempo, tempo precioso. Estou trabalhando praticamente dia e noite, mas assim mesmo, dia e noite, e temo cansar-me antes de terminar o livro. Faço tudo para me defender, mas não é fácil. Enfim...

Tudo aqui em ordem. Verás pelas primeiras cenas da quarta parte que mudei o ritmo da narrativa: cenas curtas e de ação. Vamos ver o que dá. E o que fará dona Flor, que não sei ainda.

Tudo vai bem, só falta tua presença (e a de Palomita também). As saudades são muitas e ainda faltam 10 dias para te ver, é chato.

Recebi carta de James, Adonias que viaja amanhã para Ilhéus vai esperá-lo lá. Não escrevo a ele porque já deve estar indo para Ilhéus.

Fico por aqui, meu bem (como diria Vadinho), querida minha (como diria o doutor Teodoro), estou cansado e ainda vou jantar com o alemão e depois encontrar Sérgio e Clarice em casa de Mário Cravo para lhes entregar máquina, originais e carta. Beijos para Paloma, abraços para Lu e todos, beijos e saudades para ti

amor, até logo
Jorge
   PS — Lalu vai dia 14 pelo DC-6 da Varig (cujo preço já é de 94300 cruzeiros). Passa o dia dizendo que eu estou trabalhando demais e isso me enlouquece. — Acaba de me telefonar o adido cultural da Hungria que está aqui com um pianista, porra! — Não digas a ninguém de minha chegada ao Rio, pois senão é impossível rever o livro.

Na época era comum esta prática: ia-se ao aeroporto buscar um portador para levar encomenda para o Rio ou São Paulo. Encontrado o portador e entregue a encomenda, telefonava-se para alguém ir ao Galeão ou a Congonhas recebê-la. Era frequente depararmos com conhecidos no aeroporto, mas nem sempre isso acontecia. Muitas vezes completos desconhecidos levavam documentos importantíssimos ou, como no caso mencionado nesta carta, originais inéditos de um romance.

3ª, 7 de dez.
Pela manhãzinha.

ZÉLIA, MEU AMOR,
   Como o Sérgio Bernardes mais uma vez adiou a viagem (iria hoje pelo *Caravelle*) e não sabe mais se vai hoje, vou mandar João com Aurélio ao aeroporto para ver um portador que leve a máquina, com os originais dentro, e a carta com a chave e mais cartas chegadas para ti (podes responder daí). Escrevendo à Beatriz não esqueças: João chegará lá pelo voo da Iberia, de Madri-Lisboa, às 15h50 de 5 de janeiro. Para que ela o espere.
   Vou trabalhar no livro, esta é minha hora melhor pois todo mundo dorme.
   Beijos para Paloma, saudades para ti
   como todo amor
   Jorge

O trabalho em *Dona Flor* avança e está na última parte. Nesta carta, Jorge Amado faz citações de Teodoro e Vadinho.

Zélia, meu amor

RECEBI TEU TELEGRAMA, ESPERO QUE já tenhas batido as cenas e entregue cópia ao Miécio. Hoje não te mando originais como pensava porque o que tenho ainda necessita revisão. Acontece que terça-feira, ao voltar do aeroporto, senti que se eu não parasse um dia pelo menos ia entrar numa estafa (mais nervosa que física): mil problemas diferentes, a cabeça em várias coisas diversas. Inclusive necessitava pensar, pôr a cabeça no romance pois há problemas a resolver. Foi o que fiz, ficando sem escrever o resto da terça. Ontem voltei ao trabalho mas pouco fiz pois tinha ainda certas coisas a amadurecer. Hoje trabalhei duro e tenho aqui duas cenas feitas, mas quero ainda adiantar mais duas ou três para ter um certo conjunto que tem que ser julgado completo, digamos o primeiro movimento da última parte que comporta dois movimentos. Certas coisas começam a ficar claras. Continuarei a meter a cara de amanhã em diante, agora que uns tantos problemas já estão resolvidos. Passo a eles.

1 — João fez hoje prova de Física, a última. Precisava de 1,5, diz que fez boa prova. Ainda não tem nota da de Química, espero que tenha até segunda-feira, pois é o dia de matriculá-los. Ele espera receber a carteira de chofer amanhã.

2 — Já estou também com a passagem dele, ida-volta, Rio-Madri-Lisboa, saindo a 5 de janeiro do Rio (daqui para o Rio a 4 pela Vasp). Já escrevi a Beatriz (pelo Luizinho) novamente.

3 — Já estou com as nossas passagens, tudo em ordem, faltando apenas apresentar os passaportes.

4 — Junto a esta vai a passagem de Paloma (Rio-Vigo e volta Vigo-Salvador) e uma carta de apresentação para um senhor da Com-

panhia. Você deve ir lá com Paloma e o passaporte dela para ver todos os detalhes do embarque da filhota. Podes ir na segunda-feira.

5 — Seria ótimo se pudesses enviar no sábado (dá um pulo no aeroporto e logo encontras portador) os passaportes teu (o teu com visto de saída), meu e de João Jorge. Preciso deles para completar as passagens aqui.

6 — E as peças do Peugeot? Se mandasses sábado, talvez o deixássemos aqui em ordem. Se não, traremos conosco quando voltarmos do Rio.

7 — Confirmo minha saída daqui na próxima quarta-feira, 15. Cláudio vai comigo e Floriano diz que também vai mas não sei se realmente irá. Vou parar porque o citado artista acaba de chegar.

Ora, querida minha, como diria Teodoro, se eu adivinhasse não teria acertado tanto: Floriano veio mostrar umas ilustrações novas (e ótimas) que levarei e dizer que não pode ir. As razões são justas, penso. Aliás, já ontem Carybé, que esteve com Nancy aqui à noite, me havia prevenido.

Seu compadre João Alves[224] tem me trazido num cortado, a mulher anda doente da vesícula, já arranjei radiologista etc.

Por aqui fico, estou cansado. Hoje comecei a trabalhar às seis horas, parei às 13, João do Vale[225] veio almoçar aqui (com grande entusiasmo de João, Cláudio,[226] Zé Luiz,[227] Maria e adjacências), recomecei às 15 fui até às 19h30, quando Ângela saiu (está levando uma surra de trabalho): cartas para o estrangeiro, artigos que eu devia etc. Sem falar na faina dos cartões de Natal (ficou belíssimo). Comi e vim bater essa carta que interrompi e agora (quase 11 da noite) acabo.

Mariinha veio hoje à tarde aqui, visitar Lalu e conversaram muito. Lalu está danada de passeadeira: visitou tudo que é parente, depois Mario e Lilita chegaram e ela pumba lá foi visitá-los. Hoje Ieda[228] veio vê-la e ficou para fazer companhia a ela. Amanhã Lalu pretende se despedir de seu Miraboa, seu Jênio e seu Carybé. Penso que também de Floriano e de Mário Cravo.

Beijos para Paloma e saudades. Daqui a dias te verei e isso é bom, meu bem (como diria Vadinho). Teu

Jorge

dia 10, Zezinho: tendo trabalhado, revisto, agora de manhãzinha te envio mais uma cena — o resto irá comigo — outro beijo
Jorge

Sexta, 10, pela manhãzinha: não esqueças de telegrafar a Beatriz em seu aniversário. Não sei o dia, mas sei que está perto.
Jorge

Depois da viagem à Europa, no navio Paloma começa um namoro com um rapaz argentino que conheceu a bordo. Zélia e Paloma foram ao Rio enquanto Jorge e João ficaram em Salvador. Jorge ia tocando as obras da casa e João iniciava sua carreira de universitário. Paloma viajou muito preocupada, pois o namorado ficara de escrever-lhe para a Bahia. Encarregou o pai de receber as cartas e mandá-las para ela no Rio. Este bilhete dá conta das obras da casa, mostra o orgulho do escritor por ter seu filho na faculdade e informa a ausência de cartas para Paloma.

**Salv.,
7 de março, terça-feira pela manhã.**

ZEZINHA QUERIDA, UM BILHETE só para te dizer que tudo está em ordem por aqui. A obra da casa continua e também a arrumação, passo a passo. É tudo lento, mas que fazer? Espero que, quando chegues, já encontres a arrumação mais adiantada. O bar já está de piso novo, ataca-se agora a varanda. Os pintores vão começar as portas e os armários, não sei ainda se hoje ou amanhã (no momento estão no fim do trabalho de cal e das grades). Aí vai ser um caso sério. Não sei se poderemos dormir em casa ou não, dependerá do mau cheiro. Lalu persiste em ficar, mas se a coisa for violenta eu a obrigarei a ir para a casa de Angelina. Quanto a mim e a João, dormiremos ou em casa de Carybé ou de outro amigo, ainda não decidi.

João vai ótimo. Ontem foi à faculdade, onde assistiu à aula inaugural e hoje voltou para as primeiras aulas e para saber de tudo: curriculum, horários, provas, tudo. Ontem veio almoçar aqui e à tarde tambem esteve em casa (acompanhado de Mariinha). Tem vindo dormir cedo e está acordando às sete da manhã.

Ontem não saí, arrumando um pouco a casa mas hoje vou ver uns assuntos: pneus para o carro, o resto da madeira das estantes, bancos etc.

Yeda vai vir aqui hoje ver a costureira (que aliás não veio ontem, nem ela nem dona Maria lavadeira mas já estão hoje a postos as duas).

Celestino telefonou ontem para Cândida[229] que me telefonou. Ele já entregara a carta ao Martins — espero assim que não tenhas dificuldades. Disse que Joelson está em Curitiba.

Manda-me notícias. Beijos para Paloma (até agora nada de cartas para ela), para Lu, Jana, abraços para James. Saudades e beijos do teu
Jorge
Abraços de Lalu.

Finalmente as cartas para Paloma chegaram. Três cartas que foram postadas no mesmo dia, como pôde verificar o escritor, pelos números consecutivos de seus registros. O livro a que se refere é o *Bahia, Boa Terra Bahia*, com fotografias de Flávio Damm,[230] desenhos de Carybé e texto de Jorge Amado.

Salvador,
9 de março 67

ZÉ QUERIDA, ONTEM TE TELEGRAFEI informando da chegada de três cartas para Palé; chegaram juntas já cerca de uma hora da tarde, quando o avião de Carybé partira e eu não tinha mais possibilidades de portador senão hoje. Ontem estiveram aqui americanos de rádio e TV gravando e filmando, encheram-me de duas da tarde até às 7 e meia da noite, um verdadeiro horror, eu já estava farto. Realmente ando cheio de jornalistas, ensaístas, rádio, TV, turistas, visitantes. Cheguei ao limite.

Se você reparar nos envelopes das cartas de Palé, notará pelos números dos expressos (508544a, 45a, 46a) que as três foram postas no correio no mesmo dia. A observação é para ti e não para ela.

Nenhuma novidade a acrescentar às notícias da carta que te enviei pelo correio. Ontem foi aniversário de Floriano e jantamos com ele eu e o casal Fernando Coelho[231] — João e Mariinha apareceram para a sobremesa. João continua ótimo. Ontem teve a primeira aula e hoje partiu para a faculdade antes das oito. Tem vindo dormir relativamente cedo. Eu pouco tenho saído, vendo se consigo apressar o finzinho da obra e a arrumação da casa. Hoje começará a pintura das portas e dos armários. Não sei se será possível dormir aqui. Vamos ver.

Dê sem falta a Carybé o seguinte recado: Cariba, aproveite estar aí e tire completamente a limpo o que se passa com o livro, com o *Bahia*. Estou preocupado. Não deixe de fazer isso.

Junto a este o orçamento para o Peugeot aqui, parece-me alto. Também a coluna do Silvinho[232] de hoje, com notícias vossas.

Beijos para Palé, para Lu, Jana, Fernanda,[233] abraços para James. Beijos e saudades para ti, a casa está vazia, realmente vazia. Teu
Jorge

Anteontem fui à Bienal com Carybé e Mirabeau, trouxe todos os nossos quadros. Saudades
Jorge

Aí vai também a figa do Moreira para a neta do Martins.
Jorge

Com a Casa do Rio Vermelho pronta, o casal passou a viajar menos. Saíam da casa quando era necessário botar um livro novo no papel. Em casa era impossível, as solicitações eram muitas. Depois de construir uma dependência, misto de apartamento e escritório, no fundo da área

verde da casa (que ganhou o nome de quiosque), Jorge tentou escrever lá. O lugar se mostrou inadequado. Passou a usar sítios e chácaras de amigos para poder escrever. Quando saía, levava sempre Zélia com ele. Construiu uma casa pré-fabricada em Itapoã, e passou a se revezar entre as duas casas. Posteriormente, comprou uma mansarda em Paris e passava metade do ano na Bahia e a outra metade na Europa, sempre viajando com Zélia. Isso diminuiu significativamente a correspondência entre os dois. Se houve outras cartas, não foram arquivadas por Zélia ou, se o foram, não estavam entre os seus guardados.

Notas

ENCARTE ILUSTRADO

1. José Venturelli (1924-1988), pintor, gravador e ilustrador chileno, militante marxista.

2. Pedro Mota Lima (1889-1966), jornalista, dirigiu o jornal comunista *Tribuna Popular*, fechado em 1947 e reaberto em 1948 com o nome de *Imprensa Popular*.

3. Jan Drda (1915-70), escritor tcheco, dirigiu a União dos Escritores da Tchecoeslováquia entre 1949 e 1956.

4. José Luis Massera (1915-2002), matemático, engenheiro e escritor uruguaio.

CARTAS

1. João Piça Grande, era assim que meu pai me chamava quando eu tinha poucos meses de vida. Outras vezes me chamava de Inseto, Jão ou de João Neto. Tempos depois, passou a me chamar de Bandido, Juca Badaró, Juca, Badaroca e outros derivados do nome do personagem.

2. Oscar Niemeyer (1907), arquiteto brasileiro, comunista, amigo de Jorge Amado.

3. Carlos Frederico Werneck de Lacerda (1914-77), jornalista e político brasileiro, comunista até 1939 e ferrenho anticomunista a partir de então.

4. Arnaldo Pedroso d'Horta (1914-73), jornalista, gravador, pintor, desenhista, crítico e professor.

5. Rubem Braga (1913-90), escritor e jornalista, considerado um dos melhores cronistas brasileiros.

6. Zora Seljan (morreu em 2006), jornalista, ensaísta, dramaturga, romancista e escritora de ficção científica. Foi casada com Rubem Braga e, posteriormente, com o escritor Antônio Olinto.

7. Tônia Carrero (Maria Antonieta Portocarrero Thedim) (1922-), atriz brasileira, amiga de Jorge Amado.

8. Fernando de Barros (1915-2002), jornalista, cineasta e editor de moda português naturalizado brasileiro.

9. Alinor Albuquerque Azevedo (1914-74), jornalista e cineasta brasileiro. Em 1941 fundou a produtora Atlântida Cinematográfica.

10. James Amado (1922-), escritor e irmão de meu pai.

11. Jacinta Veloso Passos (1914-73), poetisa, foi casada com James Amado.

12. Joelson Amado (1920-2005), médico neuropediatra e irmão de meu pai.

13. Carlos Scliar (1920-2001), destacado desenhista, gravurista, pintor, ilustrador, cenógrafo, roteirista brasileiro. Como correspondente de guerra, acompanhou as tropas da FEB. Muito amigo de Jorge Amado, ilustrou o romance *Seara vermelha*.

14. Maurice Thorez (1900-64), secretário-geral do Partido Comunista Francês a partir de 1930. Após a derrota dos alemães na Segunda Guerra Mundial, chega a assumir o cargo de ministro de Estado no governo De Gaulle. Foi também vice-presidente do Conselho nos governos Gouin, Bidault e Ramadier até 1947. Permaneceu na direção do PCF até sua morte.

15. Louis Aragon (1897-1982), poeta e escritor comunista francês. Dirigiu o diário *Ce Soir*, do PC francês. Em 1957 foi-lhe atribuído o Prêmio Lênin da Paz.

16. Pablo Neruda (Ricardo Eliécer Neftalí Reyes Basoalto) (1904-73), poeta chileno, um dos mais importantes poetas da língua castelhana do século xx. Prêmio Nobel de Literatura em 1971. Grande amigo e compadre de Jorge Amado.

17. Jean Cassou (1897-1986), escritor, membro da Resistência, crítico de arte, tradutor e poeta francês.

18. Apparício Torelly (1895-1971), também conhecido por Apporelly e pelo autoconcedido título de nobreza de Barão de Itararé, foi jornalista, escritor e pioneiro no humorismo político brasileiro. Editava "A Manha", suplemento humorístico do jornal *A Manhã*.

19. Luís Carlos Prestes (chamado de Cavaleiro da Esperança e O Velho) (1898-1990), militar e político brasileiro, comandou a Coluna Prestes. Foi, por muitos anos, secretário-geral do Partido Comunista Brasileiro. A relação de meu pai com Prestes oscilava entre a amizade e a franca admiração, chegando quase a um temor reverencial. Escreveu sua biografia como forma de contribuir para a campanha da anistia e usou sua influência junto a Prestes e o poder do secretário-geral para evitar que a bancada comunista inviabilizasse a proposta de liberdade religiosa inserida na Constituição de 1946.

20. Diógenes Alves de Arruda Câmara (1914-79) ingressou no Partido Comunista Brasileiro, então Partido Comunista do Brasil, em 1934, e ligou-se ao comitê da Bahia.

21. Pedro Ventura Felipe de Araújo Pomar (1913-76), dirigente comunista, foi membro do Comitê Central e da Comissão Executiva do PCB.

22. Maurício Grabois (1912-73) integrou o Comitê Central do PCB e dirigiu o Editorial Vitória, editora do Partido. Foi colega de bancada de Jorge Amado na Assembleia Nacional Constituinte. Após o XX Congresso do PCUS, quando o Partido se afasta do stalinismo. Ao lado de outros dirigentes, deixa o Partido para criar uma dissidência, o Partido Comunista do Brasil (PCdoB). Torna-se um dos dirigentes da nova sigla e assim permanece até sua morte, por forças militares, durante a Guerrilha do Araguaia.

23. João Amazonas de Souza Pedroso, mais conhecido como João Amazonas (1912-2002), teórico marxista, político revolucionário, guerrilheiro e um dos líderes da dissidência do Partido, o PCdoB.

24. Carlos de Macedo Reverbel (1912-97), jornalista, cronista e historiador brasileiro.

25. Fanny Rechulski, secretária de Jorge Amado e, posteriormente, sua cunhada. Era, na época, noiva de Joelson. Depois do casamento passou a se chamar Fanny Amado.

26. Léon Moussinac (1890-1964), escritor, jornalista, historiador e crítico de cinema da França.

27. Tristan Tzara, pseudônimo de Samuel Rosenstock (1896-1963), poeta e ensaísta romeno que passou a viver na França, tornando-se escritor francês. Participou da fundação do movimento dadaísta em Zurique, em 1916.

28. Manuel Sadosky (1914-2005), físico e matemático argentino, considerado o pai da ciência da computação da Argentina. Exilou-se na França por sua posição antiperonista.

29. Cora Ratto de Sadosky (1912-81), matemática argentina, casada com o também matemático Manuel Sadosky, dedicou sua vida a combater a opressão, a discriminação e o racismo, e defender o direito à autodeterminação dos povos.

30. Árpád Szenes (1897-1987), artista plástico húngaro, viveu, com sua mulher Maria Helena, em uma casa em Santa Teresa, Rio de Janeiro, entre 1940 e 1947.

31. Maria Helena Vieira da Silva (1908-92), artista plástica portuguesa, naturalizada francesa. Viveu de 1940 a 1947 no Rio de Janeiro com o marido Árpád Szenes, fugindo à ocupação nazista da França.

32. Jean Renoir (1894-1979), cineasta, escritor, argumentista, diretor e ator francês.

33. Jacques Duclos (1896-1975), comunista francês, membro do Comitê Central do PCF, participou do Comintern e do Cominform.

34. Paulo Emílio Salles Gomes (1916-77), historiador, crítico de cinema e militante comunista brasileiro.

35. Arnaldo Estrela (1908-80), dos mais importantes pianistas brasileiros. Militante de esquerda, muito amigo de Jorge Amado.

36. Mariuccia Iacovino (1912-2008), violinista, casada com Arnaldo Estrela.

37. Dmítri Dmítrievitch Shostakóvitch (1906-75), compositor soviético e um dos mais celebrados do século XX.

38. Eulália Dalila (Lila) Jorge Amado (1935-49), filha de Jorge Amado de seu primeiro casamento, com Matilde Mendonça Garcia Rosa.

39. José de Barros Martins, dono da Livraria Martins Editora, que publicava os livros de Jorge Amado no Brasil.

40. Ruy Santos (1916-89), cineasta e fotógrafo carioca, militante do PCB.

41. Afonso Campiglia, produtor e documentarista brasileiro, produziu *Estrela da manhã*, de Jorge, dirigido por Ruy Santos.

42. Paulo de Tarso Mendes de Almeida (1905-86), jurista, poeta e crítico de arte brasileiro.

43. Graciliano Ramos de Oliveira (1892-1953), romancista, cronista, contista, jornalista, político e memorialista brasileiro. Muito amigo de Jorge Amado, sua filha Luiza veio a casar com James Amado, irmão caçula de Jorge.

44. Erico Lopes Verissimo (1905-75), um dos escritores brasileiros mais populares do século XX. Grande amigo de Jorge Amado.

45. José Lins do Rego Cavalcanti (1901-57), um dos romancistas regionalistas mais prestigiosos da literatura nacional.

46. José Geraldo Manuel Germano Correia Vieira Machado Drummond da Costa, mais conhecido como José Geraldo Vieira (1897-1977), escritor, tradutor e crítico literário brasileiro.

47. Dalcídio Jurandir Ramos Pereira (1909-79), romancista brasileiro.

48. Rachel de Queiroz (1910-2003), tradutora, romancista, escritora, jornalista e dramaturga brasileira.

49. Anna Stella Schic (1925-2009), importante pianista brasileira, responsável pela gravação integral da obra de Villa-Lobos e por sua divulgação na Europa e Estados Unidos.

50. François Charles Mauriac (1885-1970), escritor francês, prêmio Nobel de literatura de 1952.

51. Jean-Paul Charles Aymard Sartre (1905-80), filósofo, escritor e crítico francês, representante do existencialismo. Intelectual militante, apoiou causas políticas de esquerda. Recusou, em 1964, o Prêmio Nobel de Literatura. Amigo de Jorge Amado, visitou o Brasil a seu convite em 1960.

52. André Maurois, pseudônimo de Émile Salomon Wilhelm Herzog (1885-1967), romancista e ensaísta francês.

53. Georges Duhamel (1884-1966), escritor francês, membro da Academia Francesa e presidente da Aliança Francesa.

54. Pierre Daix (1922-), jornalista e escritor comunista francês. Foi preso pelo governo colaboracionista de Vichy e mandado para o campo de concentração de Mauthausen, onde trabalhou com a Resistência clandestina do campo ajudando a salvar resistentes franceses.

55. Luiz Carlos Veiga (1942-2008), filho de Zélia Gattai de seu primeiro casamento com o dirigente comunista Aldo Veiga.

56. Justino Martins (1917-1983), jornalista brasileiro, cunhado de Erico Verissimo, com quem trabalhou na *Revista do Globo*. Foi, posteriormente, diretor da revista *Manchete*.

57. Vasco Prado (1914-98), escultor e gravador gaúcho. Foi candidato a deputado pelo PCB nas eleições de 1946, e bolsista do governo francês entre 1947 e 1948.

58. Luiza Prado (1914-), ceramista e escultora gaúcha, foi casada com Vasco Prado.

59. Cláudio Franco de Sá Santoro (1919-89), compositor e maestro brasileiro, militante do PCB e delegado brasileiro do II Congresso Mundial dos Compositores Progressistas.

60. Rodolfo Ghioldi (1897-1985), ativista político argentino, dirigente do Partido

Comunista Argentino e representante do Secretariado Sul-Americano da Internacional Comunista (Comintern). Foi muito amigo de Jorge Amado.

61. Professor era o nome do gato de dona Eulália (Lalu), mãe do escritor.

62. Dorival Caymmi (1914-2008), cantor, compositor, violonista e pintor brasileiro, amigo de meu pai e parceiro em algumas músicas.

63. Antônio Frederico de Castro Alves (1847-71), poeta abolicionista brasileiro, conhecido como o poeta dos escravos. Jorge Amado escreveu, em 1941, sua biografia, ABC de Castro Alves e em 1944, a pedido da atriz Bibi Ferreira, a peça biográfica O amor de Castro Alves, depois rebatizada como O amor do soldado e publicada em 1947. A peça, centrada no romance entre o poeta e a atriz portuguesa Eugénia Câmara, jamais foi encenada.

64. Carlos Marighella (1911-69), líder comunista, integrava o Comitê Central do PCB desde 1943. Foi assassinado em uma emboscada em 1969. Amigo de toda a vida de Jorge Amado.

65. Candido Torquato Portinari (1903-62), artista plástico, um dos maiores expoentes da pintura modernista brasileira.

66. Jaroslav Kuchvalek (1910-73), funcionário do Ministério da Cultura, filólogo, especialista em português e espanhol, professor universitário, conhecedor da obra de Jorge Amado, viria a ser, anos depois, embaixador da Tchecoeslováquia no Brasil.

67. Michael Gold (1894-1967), pseudônimo do escritor norte-americano Itzok Isaac Granich, considerado o decano da literatura proletária nos Estados Unidos.

68. Aleksandr Fadéiev (1901-56), escritor e presidente da União dos Escritores Soviéticos, membro do Comitê Central do PCUS, laureado com o Prêmio Stálin em 1946. Amigo de Jorge Amado, que o tratava pelo apelido, Sacha.

69. Misette (1921-2012), apelido de Marie-Louise Nadreau, militante francesa de esquerda. Muito amiga do casal Amado, ajudou Zélia a cuidar de mim na primeira infância, tanto em Paris como na Tchecoeslováquia.

70. Abbé Jean Boulier (1894-1980), padre e intelectual católico, tradicionalista do ponto de vista religioso e progressista do ponto de vista político. Fundou a Juventude Operária Cristã em 1925. Durante a guerra foi expulso do principado de Mônaco, onde tinha sua paróquia, pelas posições antigermânicas. Com a libertação da França, participa da experiência dos padres operários e é um dos fundadores do Movimento da Paz na França. Por suas posições políticas excessivamente próximas às teses comunistas, é reduzido, pela hierarquia da Igreja, ao estado laico em 1953. Reabilitado dez anos depois, foi reintegrado a suas funções.

71. Alfredo Varela (1914-84), romancista e político argentino, foi dirigente do Partido Comunista Argentino. Laureado com o Prêmio Lênin em 1970.

72. Alberto Castiel (1922-2006), comunista brasileiro, trabalhava na secretaria do Conselho Mundial da Paz em Paris.

73. Henda da Rocha Freire (1925), escritor e tradutor.

74. Rosinha Casoy, mulher do antropólogo Maurício Casoy. Viveu em Paris no período do exílio dos Amado, tornando-se amiga do casal.

75. Lidice, cidade da Tchecoeslováquia (hoje República Tcheca) arrasada pelas tropas alemãs durante a Segunda Grande Guerra e que teve a maioria de seus habitantes assassinados como represália pela morte a tiros de Reinhard Heydrich, comandante das ss e protetor do Reich na Boêmia e Moldávia, em emboscada por membros da resistência tcheca. Lidice foi reconstruída em 1949 a 700 metros da cidade original destruída, onde foi erigido um memorial pelo governo da Tchecoeslováquia.

76. Angelina Da Cól Gattai (1889-1969), mãe de Zélia.

77. Vera Gattai de Lima (1911-), irmã de Zélia.

78. Déa, sobrinha de Zélia, filha de Wanda.

79. Paulo Fillol de Lima, cunhado de Zélia, casado com Vera.

80. Leda Maria (1948-), sobrinha de Zélia, filha de seu irmão Mário Gattai.

81. Clarice Gattai, cunhada de Zélia, casada com Mário. Estava, na época, grávida de Marice.

82. Fábio Gattai de Lima, sobrinho de Zélia, filho de Vera.

83. Boris Nikoláievitch Polevoi (1908-81), pseudônimo de Boris Nikoláievich Kampov, jornalista, escritor e político soviético. Foi deputado no Soviete Supremo da República Federada Russa e integrou o Conselho Mundial da Paz. Foi laureado com o Prêmio Stálin de Literatura, três Ordens de Lênin, duas Bandeiras Vermelhas, a Estrela Vermelha e a Medalha de Ouro do Conselho Mundial da Paz. Recebeu o título de Herói do Trabalho Socialista.

84. Jatyr de Almeida Rodrigues, diplomata brasileiro, foi submetido a processo administrativo no Itamaraty em 1953 por suas posições progressistas.

85. Mário Gattai (1913-), de apelido Tito, irmão de Zélia.

86. Wanda Gattai Soares (1908-), irmã de Zélia.

87. Aldo Veiga (1909-73), dirigente comunista, primeiro marido de Zélia, pai de Luiz Carlos.

88. José do Rosário Soares, cunhado de Zélia, casado com Wanda.

89. Branca Osório de Almeida Fialho (1896-1965), educadora brasileira, foi presidente da Federação de Mulheres do Brasil e vice-presidente da Federação Democrática Internacional de Mulheres.

90. Anna Seghers (1900-83), pseudônimo da escritora judia alemã e comunista Netty Reiling, laureada, em 1951, com o Prêmio Stálin da Paz.

91. João Mangabeira (1880-1964), jurista, escritor e político brasileiro, presidente do Partido Socialista Brasileiro.

92. Janaina Passos Amado (1947-), sobrinha de Jorge Amado, filha de seu irmão James Amado e da escritora Jacinta Passos.

93. Associação Brasileira de Escritores, com sede em São Paulo. Em 1958 foi transformada em União Brasileira de Escritores.

94. Jorge Medauar (1918-2003), poeta e contista brasileiro, amigo de Jorge Amado.

95. Dias da Costa (1907-79), contista brasileiro, integrou a Academia dos Rebeldes. Escreveu, com Edison Carneiro e Jorge Amado, a novela *Lenita*.

96. Jean Laffitte (1910-2004), romancista francês, dirigente do PCF e secretário-geral do Conselho Mundial da Paz.

97. Jurema Yary Finamour, jornalista e escritora. Era, na época, mulher do dirigente comunista Letelba Rodrigues de Britto. Eram donos de um pequeno hotel em Itatiaia.

98. Gabriela Mistral (1889-1957), pseudônimo de Lucila de María del Perpetuo Socorro Godoy Alcayaga, poetisa chilena, laureada com o Prêmio Nobel de Literatura em 1945.

99. Baldomero Sanín Cano (1861-1957), jornalista e escritor colombiano, membro da Academia Colombiana de la Lengua.

100. Joaquín García Monge (1881-1958), escritor costa-riquenho.

101. René Depestre (1926-), poeta, romancista e militante comunista haitiano.

102. Valentín Volódia Teitelboim (1916-2008), escritor chileno, membro do Comitê Central, chegando a secretário-geral do PC do Chile, pelo qual foi senador.

103. Ilya Grigórievitch Ehrenburg (1891-1967), romancista, poeta, ensaísta e jornalista soviético (ucraniano). Foi deputado do Soviete Supremo e em 1952 agraciado com o Prêmio Lênin da Paz.

104. Leôncio Basbaum (1907-69), médico e historiador, militante do Partido Comunista Brasileiro.

105. Nazim Hikmet (1901-63), poeta e dramaturgo turco, militante do TKP (Partido Comunista da Turquia), foi contemporâneo de Jorge Amado no castelo da União de Escritores em Dobris, Tchecoeslováquia.

106. Emi Siao (1896-1983), pseudônimo do escritor chinês Xiao Zizhang, também contemporâneo de Jorge Amado no castelo da União de Escritores.

107. Pupsik (1951-), apelido de Ho Ping Siao, filho de Eva e Emi Siao nascido na mesma época de Paloma. Jorge Amado e Emi aproveitaram para contratar um "noivado" entre seus filhos.

108. Henrique Fialho, jurista brasileiro, desembargador, marido de Branca Fialho.

109. Antônio Bulhões Carvalho (1925-2009).

110. Geraldo Irineu Joffily (1914-85), magistrado no Rio de Janeiro e militante de esquerda.

111. Egídio Squeff (1911-74), poeta e jornalista, foi correspondente de guerra do jornal *O Globo*. Trabalhou, posteriormente, no *Paratodos*.

112. Stela Maria Egg (1914-91), cantora, mais conhecida por Stelinha Egg, estudiosa e pesquisadora do folclore brasileiro, foi casada com o maestro Gaya.

113. Lindolpho Gomes Gaya (maestro Gaya) (1921-87), músico brasileiro, regente e arranjador.

114. Alina Leite Paim (1919-2011), romancista e militante do Partido Comunista, amiga de Jorge Amado.

115. Gisela Magalhães (1931-2003), arquiteta, cunhada de Jorge Amado, foi mulher de James Amado.

116. Pelópidas Silveira (1915-2008), engenheiro e político pernambucano, militante do Partido Socialista, foi por duas vezes prefeito de Recife.

117. *Paratodos*, jornal quinzenal de cultura dirigido por Jorge Amado e Oscar Niemeyer, circulou entre 1956 e 1959.

118. Roberta, baiana de Feira de Santana, foi cozinheira de Zélia e Jorge enquanto moraram no Rio de Janeiro.

119. Alcedo Coutinho (1906-92), médico e militante comunista pernambucano. Eleito deputado pelo PCB-PE para a Assembleia Constituinte de 1946.

120. Paulo Cavalcanti (1915-95), escritor, jornalista, advogado e político pernambucano, militante comunista.

121. Banward Bezerra (1915-60), médico cearense, dono de importante laboratório de análises de Fortaleza. Casado com Stela, prima de Jorge Amado.

122. Jornal da Bahia fundado em 1958 por João Falcão, marcado pela oposição a Antonio Carlos Magalhães.

123. João Falcão (1919-2011), jornalista, escritor e político baiano, fundador do *Jornal* *da Bahia*, do qual foi diretor desde sua fundação até 1983. Foi militante comunista e eleito deputado pelo PTB em 1954.

124. Antônio Balbino (1912-92), político baiano. Era governador da Bahia quando a carta foi escrita.

125. Mauritônio Meira (1930-2005), jornalista, romancista, contista e cronista maranhense.

126. Paraense Transportes Aéreos, empresa de aviação que se notabilizou pela pouca segurança e elevado número de acidentes.

127. Paulo Loureiro (1924-2008), químico pernambucano, militante comunista, amigo íntimo e parceiro de pôquer de Jorge Amado.

128. Gilberto de Mello Freyre (1900-87), sociólogo, antropólogo, historiador, escritor e pintor brasileiro. Eleito, em 1946, pela UDN, para a Assembleia Nacional Constituinte.

129. Ruy da Costa Antunes (1925-94), jurista e advogado criminalista pernambucano, professor da Faculdade de Direito do Recife, amigo e parceiro de pôquer de Jorge Amado.

130. Mãe Senhora (1890-1967), nascida Maria Bibiana do Espírito Santo, terceira ialorixá do Ilê Axé Opô Afonjá em Salvador, entre 1942 e 1967.

131. Carlos Pena Filho (1929-60), poeta e compositor pernambucano, amigo de Jorge Amado e protagonista da história que deu origem ao apelido de Quincas Berro Dágua, por ter bebido um copo de água pensando ser cachaça. Jorge Amado passou a chamá-lo de "Berrito" e usou o acontecido em seu romance *A morte e a morte de Quincas Berro Dágua*.

132. Pierre Seghers (1906-87), poeta e editor francês.

133. Maria Tânia Tavares Barbosa, poetisa e artista plástica. Mulher de Carlos Pena Filho, assina Tânia Carneiro Leão.

134. Dóris Loureiro (1922-86), química e professora pernambucana, mulher de Paulo Loureiro.

135. Luiza Ramos Amado (1931-), cunhada de Jorge Amado. Filha de Graciliano Ramos, casou-se com James Amado.

136. Odorico Tavares (1912-80), jornalista, escritor, poeta e colecionador de arte pernambucano, dirigia, na Bahia, dois jornais, duas rádios e a única emissora de televisão do estado, integrantes dos Diários e Emissoras Associados. Assinava a coluna "Rosa dos Ventos" no *Diário de Notícias*. Era amigo e parceiro de pôquer de Jorge Amado.

137. José Bina Fonyat Filho (1918-77), arquiteto baiano, amigo de Jorge Amado. Projetou o Teatro Castro Alves, em Salvador.

138. Moysés Alves da Silva (1916-92), cacauicultor itabunense, amigo de Jorge Amado. Personagem no romance *Dona Flor e seus dois maridos*.

139. Giovani Guimarães (1913-66), jornalista e cronista baiano. Foi colega de Jorge Amado no Colégio Antônio Vieira e permaneceram amigos por toda a vida.

140. Juracy Montenegro Magalhães (1905-2001), militar e político, por três vezes governou a Bahia.

141. Beatriz Costa (1907-96), pseudônimo da atriz portuguesa Beatriz da Conceição, amiga de Jorge e Zélia.

142. Miécio Tati (1913-80), escritor, poeta, biógrafo, tradutor e adaptador. Escreveu, em 1961, *Jorge Amado: Vida e obra*.

143. Eduardo Mattos Portella (1932-), escritor, crítico, editor, professor e político. Amigo de Jorge Amado, integra a Academia Brasileira de Letras.

144. Marcos Botler (1924-88), engenheiro pernambucano, militante comunista e integrante da turma do pôquer de Pernambuco.

145. Heles Benaia Dubourcq Santana (1924-82), cunhado de Paulo Loureiro, casado com sua irmã Raquel, médico anestesista, militante comunista e integrante da turma do pôquer de Pernambuco.

146. Glauce Rocha (1930-71), atriz de cinema, teatro e televisão, namorada de Antônio Bulhões de Carvalho.

147. Alfredo Bonino (1925-81), marchand com galerias no Rio, Nova York e Buenos Aires. Quando se separou, a galeria do Rio passou a pertencer a sua ex-mulher.

148. Galeria Bonino foi uma das primeiras galerias de arte do Rio, criada em 1960. Depois da separação do casal Bonino, tornou-se propriedade de Giovanna Bonino.

149. Giovanna Bonino, marchand. Após a separação do marido, tornou-se proprietária da Galeria Bonino do Rio de Janeiro.

150. Doroty Alves (1929-), casada com Moysés Alves.

151. Afrânio Coutinho (1911-2000), escritor, crítico literário, ensaísta e professor, membro da Academia Brasileira de Letras.

152. Vivaldo da Costa Lima (1925-2010), antropólogo, escritor e professor, feito Ogã por mãe Senhora no Ilê Axé Opô Afonjá.

153. Simone Lucie-Ernestine-Marie Bertrand de Beauvoir (1908-86), escritora, filósofa e feminista francesa, casada com o filósofo Jean-Paul Sartre.

154. José Mauro Gonçalves, jornalista.

155. Dinah Silveira de Queiroz (1911-82), romancista, contista e cronista, membro da Academia Brasileira de Letras. Foi casada com o diplomata Dário Moreira de Castro Alves.

156. Guilherme de Oliveira Figueiredo (1915-97), dramaturgo, tradutor, crítico literário e teatral.

157. Rufino, mestre de obras e empreiteiro. Trabalhou na construção da Casa do Rio Vermelho e permaneceu prestando serviços à casa e a Jorge Amado depois de terminada a obra. Ao saber que Jorge gostava de comer teiú, passou a lhe levar, eventualmente, de presente, um teiú moqueado.

158. João Clímaco.

159. Gilberbert Chaves, arquiteto baiano, autor do projeto da Casa do Rio Vermelho.

160. Carybé (1911-97), pseudônimo de Hector Júlio Parides de Bernabó, artista plástico nascido na Argentina, que veio conhecer a Bahia após ter lido *Jubiabá* e que se tornou um dos mais importantes pintores a retratar a terra, o povo e os costumes da Bahia. Íntimo amigo de Jorge Amado.

161. José Martins, caseiro do Rio Vermelho.

162. Zuca, jardineiro e técnico na erradicação das formigas da Casa do Rio Vermelho.

163. Wilson Lins de Albuquerque (1920-2004), intelectual e político baiano. Amigo de juventude de Jorge Amado.

164. Gisela Valadares, professora de inglês, vizinha de Carybé e proprietária do curso de inglês EBEC (Escola Baiana de Expansão Cultural), alvo frequente das brincadeiras de Jorge Amado e Carybé.

165. *A Tarde*, jornal de maior circulação da Bahia na época.

166. João Bellini Burza, médico psiquiatra mineiro, militante comunista, membro da Academia de Ciências da União Soviética, foi secretário-geral da União Cultural Brasil-URSS, amigo de Jorge Amado.

167. Jader Leal, tio de Jorge Amado, irmão de Lalu, que o chamava de Jarde.

168. Luiza Silveira (1933-), mulher do pintor Jenner Augusto da Silveira.

169. Jenner Augusto da Silveira (1924-2003), artista plástico sergipano radicado na Bahia, amigo de Jorge Amado.

170. Alberto d'Aversa (1920-69), diretor de teatro e cinema, nascido na Itália e radicado no Brasil. Dirigiu em 1962-63 o filme *Seara vermelha* baseado no romance homônimo de Jorge Amado. Quando Jorge Amado fala nos Daversas, refere-se à equipe de produção do filme.

171. Alfred Abraham Knopf (1892-1984), editor norte-americano de Jorge Amado. Amigo por décadas de Jorge, a amizade se manteve após a venda da editora para a Random House.

172. Garrincha, motorista de Jorge Amado.

173. Artur Guimarães Sampaio (1946-), filho de Norma e Mirabeau Sampaio, adolescente na época em que a carta foi escrita.

174. Déa Tomé, secretária de Jorge Amado.

175. Pipper Verlag, uma das editoras de Jorge Amado na Alemanha Ocidental.

176. Verlag Volk und Welt, uma das editoras de Jorge Amado na Alemanha Oriental.

177. José Ferreira Condé (1917-71), escritor e jornalista, amigo de Jorge Amado.

178. Paulo Gil de Andrade Soares (1935-2000), teatrólogo e cineasta baiano, muito amigo de Jorge Amado.

179. Jacy Maria Caldas Guimarães (1928-), mulher do jornalista Giovanni Guimarães.

180. Lênio Braga (1931-73), pintor, desenhista, gravador, muralista, escultor e ceramista paranaense. Radicado, desde 1955, em Salvador.

181. As duas velhas às quais Jorge se refere são dona Eulália, mãe do escritor, e dona Angelina, mãe de Zélia.

182. Anita Lins, mulher de Wilson Lins.

183. Emilio Mira y López (1896-1964), importante psiquiatra e sociólogo espanhol, participou do exército republicano durante a Guerra Civil espanhola. Deixou a Europa com o início da Segunda Guerra, passando por vários países americanos até se fixar no Brasil. No Rio de Janeiro, foi vizinho do casal Amado.

184. Rafael Alberti (1902-99), poeta espanhol e militante comunista, foi dirigente da Aliança de Intelectuais Antifascistas durante a Guerra Civil e presidente honorário, junto a Dolores Ibárruri, nas primeiras Cortes Democráticas.

185. Deoscóredes (Didi) Maximiliano dos Santos (1917), filho de sangue de mãe Senhora, conhecido por Mestre Didi, escritor e importante artesão baiano que utiliza contas e palha na produção de objetos de culto. Tem alta posição na hierarquia do Ilê Agboulá, terreiro de candomblé que cultua os eguns em Amoreiras na ilha de Itaparica.

186. Lúcia Cravo (1925-), mulher do escultor Mário Cravo.

187. Jorge Aminthas Cravo (1927-), tapeceiro e marchand baiano, conhecido como Cravinho.

188. Solange (Sossó) Bernabó (1953-), filha do pintor Carybé.

189. Lux Jornal, serviço de recortes que Jorge Amado assinava na época.

190. Marilda Ramosandrade (1947-), sobrinha de Moysés Alves, adolescente à época, fez a Marta no filme *Seara vermelha*, de Alberto d'Aversa, em 1962-63.

191. Mário Cravo Júnior (1923-), escultor, pintor e desenhista baiano, muito amigo de Jorge Amado.

192. Norma Guimarães Sampaio (1922-69), mulher do artista plástico baiano José Mirabeau Sampaio.

193. Aldemir Martins (1922-2006), pintor, gravador, desenhista, ceramista e escultor cearense, amigo de Zélia e Jorge Amado.

194. Moacir Werneck de Castro (1915-2010), escritor, tradutor e jornalista, fundou, com Jorge Amado e Oscar Niemeyer, o jornal quinzenal *Paratodos*.

195. Nenê Lampreia, pseudônimo da jornalista uruguaia Gloria Rodríguez, namorada de Moacir Werneck, com quem se casou em 1974.

196. Samuel Wainer (1910-80), jornalista, editor-chefe do jornal *Última Hora*. Serviu de modelo para o jornalista Samuca, personagem do romance *Farda, fardão, camisola de dormir*.

197. Maria Luiza (Kadi) Cravo (1951-), filha do escultor Mário Cravo Jr.

198. Balbina Alves (1952-), filha de Doroty e Moysés Alves, na época ainda criança, fazia aquarelas. Era chamada de Babu ou de Bubu. Adulta, abandonou as artes plásticas pela medicina.

199. Associação de Cultura Franco-Brasileira (Alliance Française).

200. Luís Henrique Dias Tavares (1926-), escritor, historiador e professor baiano, amigo de Jorge Amado.

201. Jean Sebastian Benda (1926-2003), pianista suíço, antigo proprietário da casa da rua Alagoinhas e que a vendeu a Jorge Amado.

202. Manuel Pinto de Aguiar (1910-91), secretário municipal de Finanças de Salvador, criou o loteamento Parque Cruz Aguiar, onde se situa a Casa do Rio Vermelho.

203. Waldeloir Rego (1930-2001), etnólogo e folclorista baiano.

204. Maria do Carmo Ramosandrade (1922-), irmã de Moysés Alves e mãe de Marilda Ramosandrade.

205. José Mirabeau Sampaio (1911-93), pintor, escultor, professor, parceiro de pôquer e amigo fraterno de Jorge Amado. Foi personagem em vários romances, sendo que, em *Dona Flor e seus dois maridos*, se desdobrou em dois personagens: Zé Sampaio e Zequito Mirabeau.

206. Antônio Bandeira (1922-67), desenhista, gravador e pintor brasileiro, pioneiro do abstracionismo no Brasil.

207. Mário Cravo Neto (1947-2009), conhecido como Mariozinho, filho do artista plástico Mário Cravo Jr., era adolescente quando a carta foi escrita.

208. Maria Guimarães Sampaio (1948-2010), filha de Mirabeau Sampaio, era adolescente quando a carta foi escrita.

209. Walter Raulino da Silveira (1915-1970), advogado, jornalista e crítico de cinema, militante comunista, criador do Clube de Cinema da Bahia. Integrou, com Jorge Amado, a Academia dos Rebeldes.

210. Naninha era a gata de dona Eulália na Bahia.

211. Andrés Gutiérrez y Gutiérrez, espanhol da Andaluzia radicado na Bahia, foi funcionário do consulado espanhol, representante na Bahia da Ybarra, da Tabacalera, da Iberia e da Bacardi e presidente do Centro Espanhol.

212. Aurélio Sodré, motorista de Jorge Amado na Bahia.

213. Kiki, cão de Zélia, mistura de pequinês com vira-lata.

214. *Monte Umbe*, navio da empresa espanhola Ybarra y Cía que fazia a linha regular entre Santos, Rio de Janeiro, Salvador da Bahia, Tenerife, Lisboa, Leixões (Porto) e Vigo.

215. Voo da amizade era um voo de baixo custo entre Brasil e Portugal, operado pela TAP e Panair do Brasil (posteriormente pela Varig) com um Douglas DC-7C (enquanto os voos normais já eram operados com os jatos Douglas DC-8 ou Boeing 707). Saía do Rio parando em Recife e ilha do Sal antes de chegar a Lisboa. Era chamado "voo da fome" porque nada era oferecido a bordo; as refeições eram servidas nos restaurantes dos aeroportos, durante as escalas para reabastecimento.

216. Francisco Lyon de Castro (1914-2004), militante comunista português, editor de Jorge Amado em Portugal.

217. António da Cunha Teles (1935-), cineasta e produtor português.

218. Ruy Borges dos Santos (1916-89), cineasta e roteirista brasileiro, militante comunista.

219. Celestes, referência à família de Antônio Simões Celestino, sogro de João Jorge.

220. Floriano de Araujo Teixeira (1923-2000), pintor, desenhista, gravador, ilustrador e escultor maranhense. Ilustrou os livros *A morte e a morte de Quincas Berro Dágua*,

O milagre dos pássaros, O menino grapiúna, Tocaia grande e, com outros artistas, *Navegação de cabotagem*, de Jorge Amado.

221. Maria da Luz (Mariinha) Celestino (1947-), filha de Antônio Celestino, namorada de João Jorge.

222. Sérgio Wladimir Bernardes (1919-2002), importante arquiteto brasileiro, trabalhou com Lúcio Costa e Oscar Niemeyer.

223. Adonias Aguiar Filho (1915-1990), escritor, crítico, ensaísta e romancista grapiúna, integrou a Academia Brasileira de Letras.

224. João Alves de Oliveira (1906-70), originalmente engraxate, tornou-se, nos anos 60, importante pintor *naïf* na Bahia. Compadre de Zélia, que batizou sua filha.

225. João Batista do Vale (1934-96), importante músico, compositor e cantor maranhense.

226. Cláudio Fonseca Dortas, colega de colégio de João Jorge, foi, junto com Zé Luiz Penna e Maria Sampaio, companheiro de política estudantil.

227. José Luiz Penna (1945-), colega de colégio de João Jorge, foi, junto com Cláudio Dortas e Maria Sampaio, companheiro de política estudantil. Ator, músico e cineasta, manteve-se na atividade política até o presente.

228. Ieda Alves, sobrinha de Moysés Alves, muito amiga de Paloma. Participava de uma turma inseparável, com Paloma e Balbina.

229. Cândida Rosa Leal Celestino (1915-75), mulher de Antônio Celestino.

230. Flávio Silveira Damm (1928), fotógrafo e fotojornalista brasileiro. Coautor, com Carybé e Jorge Amado, do livro *Bahia, boa terra Bahia*, de 1967.

231. Fernando Coelho (1939-), pintor, desenhista, ilustrador e artista gráfico baiano, amigo de Jorge Amado.

232. Sylvio Lamenha, jornalista, cronista, assinava a coluna social "Hi-So", do matutino *Diário de Notícias*, dos Diários Associados em Salvador. Inspirou os personagens Silvinho Lamenha, no romance *Dona Flor e seus dois maridos*, e Sylvio Lamenha em *O sumiço da santa*.

233. Fernanda Amado (1959-), sobrinha de Jorge Amado, filha de James e Luiza.